自 我 治 愈 的 温 暖 系 情 爱 婚 恋 手 册

爱自己，和谁结婚都一样

〔德〕爱娃－玛丽亚·楚尔霍斯特◎著　　许　洁◎译

中国妇女出版社

图书在版编目（CIP）数据

爱自己，和谁结婚都一样 /（德）爱娃－玛丽亚·楚尔霍斯特著；许洁译．－－北京：中国妇女出版社，2018.10

ISBN 978-7-5127-1634-6

Ⅰ．①爱… Ⅱ．①爱… ②许… Ⅲ．①婚姻－通俗读物 Ⅳ．① C913.13-49

中国版本图书馆 CIP 数据核字（2018）第 181398 号

著作权合同登记号　图字：01-2018-4693

爱自己，和谁结婚都一样

作　　者：〔德〕爱娃－玛丽亚·楚尔霍斯特　著　　许　洁　译
责任编辑：陈　元
封面设计：安宁书装
责任印制：王卫东
出版发行：中国妇女出版社
地　　址：北京市东城区史家胡同甲 24 号　　**邮政编码**：100010
电　　话：(010) 65133160（发行部）　　65133161（邮购）
网　　址：www.womenbooks.cn
法律顾问：北京市道可特律师事务所
经　　销：各地新华书店
印　　刷：深圳市雅佳图印刷有限公司
开　　本：145×210　1/32
印　　张：11
字　　数：225 千字
版　　次：2018 年 10 月第 1 版
印　　次：2018 年 10 月第 1 次
书　　号：ISBN 978-7-5127-1634-6
定　　价：49.80 元

我衷心地希望
那些对婚姻和爱情
失去信心的人，
能在决定分手前
看到此书。

致中国读者信

Dear Chinese readers,

I am so exited to bring my words and my heart to your country and hopefully right in touch with your hearts. I am totally convinced that our hearts everywhere on our planet and in the whole universe speak the same language and are able to guide each of us through the deepest challenges and darkest hours of our relationships.

Thousands of people over the world experienced miracles with our love yourself books. And I can't wait to hear from you and your newly blossoming relationships.

With trust in the truth of your hearts.

Yours sincerely,

亲爱的中国读者：

我为能将自己的观点与爱带到中国而感到万分激动，希望我们彼此之间能心心相印。我深深地相信，整个地球乃至整个宇宙的所有男女都发自内心地讲着同一种语言，而我们的心灵拥有战胜婚恋关系中最大挑战的能力，并能引领我们坚强地度过爱情中最黑暗的时刻。

世界上千千万万的读者通过阅读这本书，体验到了爱的奇迹。我期盼着早日收到关于你和你焕然一新的婚恋关系的好消息。

请坚信来自内心的真实力量。

爱娃－玛丽亚·楚尔霍斯特

推荐序

陶思璇
魅力教练
身心灵修行者
两性情感畅销书作家

爱自己，才会有幸福和美丽

第一次读到这本书，只有两个字可以形容我的感受：震撼。所有的议题我都曾经在自己的节目里、课程中反复讲过，但我从来没有想过要把这些零散的主题串在一起写成一本关于婚姻的书。即使想到了，恐怕也不能像爱娃做得这么好，这就是经验、智慧、灵性交互而成的晶体，能够启动心灵能量、开启快乐旅行的核心动力。

爱自己，讲起来非常简单，做起来却相当不易，需要的是足够成熟的心理，敢于承受彼此之间的分离。

我的数位女友，都把亲密关系定义为两个人形影不离、如胶似漆，她们认为那样的状态才是爱，即使她们的另一半完全不享受她们喜欢的某些活动。她们认为，如果爱，就一定能知道如何去做，就一定能够做出那些让她们愉悦的事情。

她们的理论依据就是，当初他在追求她的时候就做了很多让她感动的事。而她们常常会忘却，她们很少给予对方肯定，而且人类的激情会逐渐退却，取而代之的，是彼此之间的接受与尊重。

无法容忍他人与自己的不同，无法容忍对方的自由，甚至无法容忍对方有对私人空间的需求，这种关系不是爱，是假借爱的名义实施的控制。之所以要去控制，归根究底还是我们的内在过于软弱，我们的潜意识无法真正接纳自己，无法爱自己。就像我的一位明星客人所说，总是无法原谅自己的过错，很讨厌自己现在的样子。

我们所有对待外在世界的态度，都来自我们内在世界的投射。

一个不能很好爱自己的人，也注定无法好好地爱别人，只能以各种各样的方式去实施控制。一旦束缚开始进入爱里，爱情就开始凋零死亡，最后能够留下的只有彼此的憎恶和怨恨。

爱娃以她的亲身经历，加上日积月累的案例经验，用深入浅出的语言，为读者揭示了一个又一个暗藏于心底的心灵礁石，其中很多部分可能早已经被我们的大脑遗忘，但我们的心记得，我们的身体记得，这些并没有消失的过往经验，为了保护我们，自动为我们设置了种种程序，让我们在这些程序下体验着重复的烦恼和伤痛。

跟着爱娃的笔行走，这是一趟看起来轻松，做起来不难，效果却非常神奇的心灵之旅。当你看清那些隐藏的暗礁，你自然就会开始调整，生命质量的改变也就在这一刻开始自然而然地发生。

美丽爱情，美丽人生，绝对是一种可能。

推荐序

田宛灵
全球好太太俱乐部创始人
广州市女企业家发展促进会副会长
畅销书《美妆在线》《发饰达人》作者

爱自己，开启幸福生活的密钥

爱是什么？

在一段亲密关系里，怎么表达爱？

情侣关系的真谛是什么？

说实话，在遇到这本书之前，对于上述问题，我是混沌不清的，似懂非懂。看完这本书之后，我豁然开朗，大受裨益。

这是一本观点新颖又独特的书，我反复读了好几次，简直爱不释手，它给了我一个看待问题的全新视角。

我从小生活在一个破碎的家庭里，总感觉不被人爱，也没有学会怎么去爱别人。成年后，我带着原生家庭的心灵创伤步入了婚姻。在婚姻的最初几年里，我以为只要给予爱，就能得到爱。可是，爱的表达和婚姻关系的维持远比我想象的要复杂多变。我一度迷茫过，内心非常渴望得到一些有用的指导。

这本书的适时出现，很好地解答了我内心的这些困惑，同时它还让我收回直视前方的目光，转而向内审视自我。我从未想过爱自己，也会迸发出那么大的力量。

在这本书里，爱娃通过自己的亲身经历，以及一系列的案例经验，生动地告诉我们：爱自己，其实就是深刻地了解和认识自己，用尽全部力量关照自己，同时勇敢地向伴侣展现真实的自我，坦然承认自己的真实需求，敞开自己的心灵，接纳、沟通，以及宽恕，最终达到自己疗愈自己的目的。

在爱情和婚姻中，我们很容易失去原本的自我。因为没有了自我，我们的生活之舟不知不觉就驶向了不可预知的深海区。于是，触礁或者遭遇狂风大浪也就在所难免。

法国大作家福楼拜在小说《包法利夫人》里，向我们细腻地刻画了这样一个不爱自己的例子。一次，女主人公艾玛挖苦爱人说："你看看你，为自己保留了那么多，还有一些财产、小饰品没有变卖，但是我呢，我愿意为你付出所有，包括生命。"

我们当然知道艾玛在骗人，她并不是愿意为爱人献出生命，她是愿意为她的浪漫主义情感献出生命。她没有意识到她在欺骗他人的同时，也欺骗了自己，并最终毁掉了自己。一个连自己都不爱的女人，又拿什么去爱他人呢?

有哲学家说，人心不是物，每个人的心，都是一个无底深渊。

真正的爱，是一场对对方心灵的相互探索之旅。在爱情上，男女双方最初的惊鸿一瞥，往往只是一点小小的火星，持续的心灵的相互探索，才能点燃爱情的火焰，进而形成燎原之势。男女双方相互探索得越深入，得到的爱就越多、越炽热。

然而，在大多数情况下，因为种种不可控制的原因，男女双方在婚后不再从对方身上寻求有趣的、使人感到兴奋的东西，不再相互了解，不再彼此重新发现。这就意味着男女双方关系中有生命力的火焰已经趋于熄灭，从而使得婚姻走入低谷，甚至达到无法挽回的地步。

为什么会出现这样的情况呢？不可否认有人性本能的原因，但归根结底还是男女双方失去了相互进行心灵探索的兴趣，加上肉身又是如此变化多端，我们很快就审美疲劳。于是，爱不可避免地终结了。

爱终结了，可是婚姻关系还在，我们的生活还得继续。这一切，又与我们曾经誓言在一起的初衷大相径庭。

很多时候，我们不知道该怎么处理和应对没有了爱的婚姻。为了免于受到对方的伤害，我们只好武装自己、遮蔽自己，把自己的心灵重重包裹起来，埋葬在巨大的无意识的冰山之中。曾经美好的兴奋心情，不知不觉地被烦恼的沉重阴云所取代。

爱娃在这本书里，向我们展示了那些爱之火焰趋于熄灭、心灵正遭受折磨的男女的种种“情状”，并提出了一个令人耳目一新的观点，那就是：爱自己。

爱娃在书中浓墨重彩地抒发了一个人爱自己的重要性，正如一句话说得好："求人不如求己。"只有自己，才能疗愈自己，真正挽救自己。只有自己，才能把幸福牢牢地握在手中。

爱自己，敞开自己的心灵，重新发现自己，释放无意识冰山里的真我，同时像最初相见时那样去探索一切，摆脱陈规陋矩的禁锢。

爱自己，彼此才能相互成长，永葆爱的激情。如果不是这样，即使罗密欧与朱丽叶结婚、梁山伯与祝英台相伴、王子与公主邂逅，他们也一样不可能幸福地生活在一起。

正如爱娃在书里所说，只要爱自己，就能获得爱。

温情推荐

《爱自己，和谁结婚都一样》告诉你，你没必要离婚，你有能力拯救自己的婚姻。

——德国收视率最高的谈话节目《贝克曼脱口秀》

爱娃向我们娓娓道来，无论和谁结婚，只要爱自己，就能获得爱。

——德国发行量最大的综合性日报《图片报》

一碗献给即将步入以及已经步入婚姻殿堂的男女们的心灵鸡汤。

——《休闲指南周刊》

大多数的爱情童话止于婚礼之日。《爱自己，和谁结婚都一样》就从婚后的第二天开始写起。

——《贝拉周刊》

爱娃的“爱自己”观点能帮你走出婚姻危机，增添你战胜困难的勇气。

——《雷姆沙德总汇报》

“大多数离婚是多余的！”爱娃深信这一点。她自然挑起了读者的兴趣，知道“在情感问题上，每个人都必须找到自己的解决方案”。也许，这就是为什么本书会成为德国最成功的关系指南。

——《焦点》（德国最有影响力的周刊之一）

德国最成功的关系咨询师。

——德国著名电视主持人莱因霍尔德·贝克曼

书里给出的答案有时候会让你不舒服，但它却很有效，能帮你把危机变成转机，让这段艰难的时期成为关系成长的绝佳机会。

——seelen-partner.de

任何婚姻问题都是人的问题、关系的问题，是爱自己和爱别人的问题。每个婚姻问题里都隐藏着个人成长的契机，每个问题的产生本身都有其特殊使命。不管通过阅读、心理咨询还是其他方式，重要的是寻找生命的意义，并从中获得心灵的成长，走过去。那么，不管和谁结婚，不管婚姻还在不在，都已不再是个让你困扰和痛苦的问题。感谢爱娃让我们认识到这点。也希望有更多人从《爱自己，和谁结婚都一样》里找到他们自己的那份意义。

——资深婚恋咨询师　马丽

这本书的挑衅性标题让我产生了兴趣。因为，谁都可能经历过快乐的关系，并且意识到在一段时间之后，这段关系就不会像最初时那样了。哪怕你对另一半进行了最仔细的“选择”，结果也是如此。现在，爱娃声称“你和谁结婚并不重要”。她非常幽默地描述了很多自己的经历，令我感触良多。

——读者　沃尔特·黑格

我的第一次婚姻失败了，从《爱自己，和谁结婚都一样》中，我看到了自己的影子。从某种意义上说，它是一本能让人预防和反省的书，是我在新一段关系中的令人愉悦的指导。通过阅读这本书，我了解到，所有的旧伤口都可以治愈，也更明白了婚姻的意义。

——读者　马克思·奥弗拉斯

我的妻子是《爱自己，和谁结婚都一样》的忠实读者。我们经过了几年的婚姻低谷，而这本书挽救了我们。我曾以为婚姻的美好已经离我们而去了，如果那也是你的想法，那么我告诉你，它们可以成为过去。

——读者　A.L. 莫赫诺

我可以负责任地说，《爱自己，和谁结婚都一样》能使人成长，使人成熟。这是我能给它的最准确的评价。很久以前，朋友就建议我去读这本书。亲爱的女性朋友们，花一点儿时间来读这本书吧，你会变得更专注，更有勇气。

——读者　安娜·韦恩斯

《爱自己，和谁结婚都一样》的题目很有趣——即使是和你喜欢的人结婚，也有很大的风险。其实不然，我们仍旧可以犯错，但是，我们也能让自己的爱人幸福。这本书教会我们怎样满足对方的期待，怎样获得我们需要的，怎样在婚姻中保持真我。

——读者　C. 威尔梅

自　序

不轻言放弃爱情

请相信，你可以挽救自己的婚姻！

你完全可以与身边的伴侣建立你所期待的那种亲密无间的关系。命运让这本书出现在你眼前：

也许它只是好朋友送的一份礼物。

也许因为有人告诉你：“来吧，如果你想修复与伴侣的关系，就来读读这本书吧。”

也许你的伴侣像挥舞擀面杖一样在你面前晃动这本书，并对你吼道：“你倒是为我们的婚姻做点儿什么呀！”

也许这本书只不过是突然出现在你的眼前——在书店、

沙发、床头柜上，轻轻地召唤你："打开我吧，请你读一读。"

也许你已苦苦寻觅了许久，想解开心中的疑虑，想找到新的角度，想在你的感情世界里寻求深层的变化……

如果你已经读到这里，那就表示你的潜意识中肯定有这样的愿望——深化你的感情或最终找到一种深层的感情。你想要全心投入地爱一场，但理性让你犹豫不决。

即便你对爱情已经失去了信心，你仍有可能充实和巩固你的婚姻；即便你的伴侣有了外遇或不时地传出绯闻，你已失去爱的能力，你们的婚姻仍有可能重回正轨。也许你们之间只剩下争吵；也许你们的婚姻已名存实亡，你和伴侣只能"相敬如宾"地过着乏味的生活；也许你无法原谅，被心中难以排遣的愤怒所控制；也许你和伴侣总是为鸡毛蒜皮的小事导致战争不断升级；也许你已读过成摞的两性读物，参加过各类讨论会，甚至进行了婚姻咨询，但仍对解决问题缺乏信心。

即便事情真的已糟糕到了这种地步，你仍可以妙手回春！一切都有可能，哪怕听起来像是天方夜谭。就算亲身经历了这样的转折的人们，蓦然回首时，仍恍然如梦。这完全取决于自己的力量，你完全可以按照自己的意愿发展伴侣关系。无论此刻他对你来说多么疏远，多么没有吸引力，甚至令你厌恶，我依然相信，你一定会成功！我之所以如此肯定，是因为我曾亲身经历过这一过程。

我曾对自己是否够资格做家庭婚姻咨询专家感到怀疑，因此在伴侣关系问题上，我研究了很多年，阅读过许多书，并向很多德高望重的资深教授请教过。

也许正是由于我为拯救人们的婚姻而做了大量的工作，我才能真正了解伴侣关系的真谛。我之所以确信你一定能成功，是因为直到今天，我仍然与我丈夫生活在我们曾以为会破碎的婚姻中，并对此心存感激。

从恋爱的第一天起，我们就不是令人看好的梦幻情侣。在过去很多年里，几乎没有人对我们的婚姻抱有信心。但我认为，正是这种对我们之间缺乏感情的误解，迫使我去寻找能促进伴侣关系的真正力量。时至今日，我更加确信，生活在引领我们走到一起的过程中还设置了无数障碍，而克服困难的过程会使我们更加信赖彼此，并进一步完善自己，而这恰恰是人生的任务和意义。如果没有这些挑战，我们不可能发现真正的自己，也不可能了解在我们内心深处有多少爱与忍耐、坚韧与勇气；我们不可能认识到，两个人在一起能超越多少看似不可超越的极限；我也不可能一步步地认识到，在我身上发生的一切都是正常的。我更不可能写出这本书。

“我知道，我一定能成功！”

这就是支撑我工作下去的真正动力，也是这本书所蕴藏的力量。

怀着一颗感恩之心，我和女儿、丈夫和睦相处，心心相印。

爱娃－玛丽亚·楚尔霍斯特

前　言

为什么写这本书

离开，是为了重新开始

我没想过要写这本书，但最终还是写出来了，因为我想与亲爱的读者分享自己在爱情与婚姻中的经历与收获。

我的生活总是与人际关系研究有关。我有过不少目标、计划和愿望，结果常常不了了之。我的经历已使我习惯于接受这样的现实，我无法让生活按照自己的构想进行下去。生活自有其发展的轨迹，而我只不过是顺应形势，接受这种过程。即便我不愿接受，生活仍会教我去理解和接受。事物总是在运动中螺旋式地发展变化，而循环往复的变化正是生活的意义所在。一切事物都将在循环变化的周期中慢慢变得完满，然后趋向死亡。而我则将通过这样的循环往复，被引领进入新的秩序、新的价值和新的发展之中，我的生命也将因此焕发出新的生机与活力。

过去的每一次循环，开始时都令我忧虑、不安和震惊。随后我便确信，新事物必将随之到来。我学会了清醒地保持对生活走向的敏锐判断，学会了防止陈规陋习阻止我去选择，还学会了相信眼前和下一个岔路口，并重新把握生命中真正重要的东西。一个循环的结束，永远不会是终结，总会有新东西从我内心深处破茧而出，那些表面上的缺陷和障碍都会成为指引方向的路标。一次又一次，我不得不忍痛割舍一些固有习惯，腾出空间接受新事物。这些表面上看起来新的事物，在更深的层面上是相通的。最后我的生活总是会与探究人际关系以及接纳自己相关。

5 岁时，我总觉得非常孤独。有时，对孤独的恐惧几乎将我淹没，使我害怕到无法对任何人袒露心声。我总觉得自己的生活不再真实。我不停地观察着身边的人，然后问自己：难道他们都确切地知道一切，只有我什么都不明白吗？我满怀恐惧地想象着，这些围绕在我身边的人，也许只是一些演员，他们正在演出一部预先排好的戏。我也许是唯一一个把这一切都当成了真正的生活，并真正体会其中酸甜苦辣的人。有时我又会问自己，会不会恰恰一切是反过来的，也许只有我自己觉得生活中的一切都是假的，所以我才经常会在别人都很快乐和满足时，觉得自己如此孤独、如此格格不入。

上小学时，当我与大家在一起时常常会偏头痛，以至于我必须待在黑暗的房间才能得到缓解。青少年时期，我时常会在人群聚集的地方，因为呼吸过于急促而突然失去知觉。还未成年我就匆忙离开了所在的小城市，并退出了教会，希望能在其他地方找到信仰和归属感。20 岁出头时，作为记者，我极为幸运地得到了去埃及工作的机会。文化和信仰的差异以及时间和空间的变换，唤醒了我所有的好奇心。我沉迷于日常生活中随处可见的宗教。在这里，生活中的一切似乎都与信仰有密切联系。然而人们为此付出的代价也是巨大的：当祈祷的声音响彻开罗的大街小巷时，街头充满了目光贪婪而危险的男人和完全放弃自我的女人。

将近 30 岁时，内心的追求驱使我来到南非好望角。但在这片黑人和白人共同居住的土地上，我依然一无所获。我就像一个徒步旅行者，徘徊于不同的世界之间，不断接触到内心深处彼此仇恨的人们。尽管如此，我还是能感觉到，不论他们来自哪个国度，肤色如何，他们内心深处都怀有深切的渴望。不知从何时起，作为一名新闻记者，我思考的问题的政治色彩越来越淡，反而变成了一种习惯性的心理活动。我与失明的人谈论南非，他们甚至能闻出或听出人的肤色。这一切让我觉得有些不可思议。我只剩下一个愿望——让不同肤色的人重新开始沟通。为了能忠实地表达我的感受和体验，我结束了驻南非记者的生涯，写了一本书，充分描述了我在好望角的生活经历，以及当地黑、白人种混居所带来的交往碰撞与交融。

回到德国后，等待我的是下一轮对人性的研究与学习。那时柏林墙刚刚倒塌，我成了柏林一家原属东德的大型公司公关部负责人，随后又兼任人事部主管。整整 3 年，我从事着重建东德的开创性工作。突然有一天早上，这一切都随着我的崩溃而宣告结束。那天我原本应该首次对外介绍我为企业制订的公关战略，然而我却在自己的办公室里彻底精神崩溃。崩溃，其实只是一个缓慢发展的过程达到顶峰时的爆发而已。

此前一整天，我都在极力抑制内心深处的压抑情绪，努力投入工作。我费了很多心思用图表、数据、幻灯片和管理语言去准备这次报告，但这一切早已失去任何价值和意义。人，再一次成为我关注的中心。在公司我也负责内部的沟通和交流工作，因此在公务之余我便成了东德人与西德人、白领与蓝领之间的对话纽带。我担负起训练教程，举办人格发展讲座，被董事会任命为各类谈判的调解人。我又一次被探索的热情所征服，期待着自己能拉近有不同文化信仰背景的人之间的距离。

这一次，我试图长期地按照规则去完成这项任务，结果却发现我自己越来越被外力所控制，我的内心深处则被越来越多无法解释的心悸和莫名的恐惧所困扰，就好像我正在扮演一个角色，却无法从中找到自我。精神崩溃促使我下定决心摆脱这种困境，重新找回勇气，并回归真我。于是我递交了辞呈，放弃了那份收入颇丰的工作，也告别了我的跑车和豪华公寓，以及在五星级酒店里度过的那些旅行之夜。我把老房子收拾了一下，过着隐居般的生活，靠自由撰稿之类的小活计为生，完全不清楚未来的方向。

我的婚姻，我的噩梦

我像一个跋涉者，走遍了地球的每一个角落，徒劳地探究着人的天性并寻找着答案。我觉得自己筋疲力尽，如同燃烧后的灰烬。而我刚刚 32 岁，在职业生涯中走了许多弯路，以精神崩溃告终，最后只能选择隐居生活。我把自己的生活简化为一个主题：如何充实自己，怎样去做一些确实有意义的事？我该如何在人与人之间建立沟通和联系？

但我惊讶地发现：我怀孕了！让我深陷其中的螺旋形轨迹被打乱了，上帝送给我一个孩子，同时又将一个不安分的年轻男人，作为孩子的父亲带进了我的生活。他的生活经验和对未来的态度，与我大相径庭：他比我小 6 岁，运气一直不错，轻轻松松就能实现自己的愿望。他年轻、活跃，总是心情愉快，热爱寻找生活中的乐趣。他创办的公司的利润和影响力都在稳步上升。那时他对生活的期待仅仅在于：什么时候能超越他的哥哥们。

在认识我之前，他热爱夜生活，兴致盎然地制造一些浅薄的桃色事件。在他的生活圈里，我就像一个莫名闯入的陌生人。虽然我选择了与他结婚，但实际上他并不符合我心目中的理想形象。他不是富有创造力的艺术家、极有天赋的建筑师或文字造诣高深的作家，他也没有宽阔的肩膀可以让我依靠，而且根本无意寻找生活的意义和生命中的灵魂伴侣。而我一直都在寻找能够厮守一生的男人。然而一切都是徒劳的。不出所料，我有了婚外情。尽管我是如此希望能在他身边停下寻找的脚步，能毫无保留地为他奉献，但我却不断被抛向远处，害怕自己被抛弃，无法忍受沉闷的婚姻生活。所有认识我的人都一致认为：我已无可救药！

我们的关系平淡无奇，我甚至对比自己小6岁的丈夫一无所知。可我们即将为人父母，我非常想要这个孩子，他也对未来的生活颇有信心："车到山前必有路！"于是，我们放下一切，搬到一个新的城市开始新生活。

两年过去了，我们的女儿已蹒跚学步，我们的婚姻也陷入了低谷。几乎与所有家庭一样，妈妈做饭，爸爸上班。我们之间几乎没有任何沟通和交流。我丈夫回家越来越晚，而且次数越来越少。我自己则整天往返于家和儿童乐园的沙堆，并应付满地乱爬的小家伙，这让我郁闷无比。我们的争吵越来越多，生活似乎无法继续下去。

一切变得越来越空虚，我们依然在调整自己，没有选择分手。我们在浑然不觉中一天天度日，沟通日渐减少，明枪暗箭的争执却越来越多，最终我们都在痛苦地折磨着彼此：家庭的日常生活与隐秘的婚外情彼此纠缠，职业变换不定，不停搬家，看不到希望并不断重新开始。

尽管如此，我们仍然没有分手。

每当我们濒临绝境，准备分开时，我们都会被深深的悲哀所触动，失去的温暖又会从心底涌起。不是激情，也不是渴望，仅仅是一种轻柔的悲伤，一种对爱的回忆，令人惊讶地不期而至，又在无意之中倏忽而去。

还有转机，别轻易放弃

这种感觉虽不是我内心渴求的回应，却魔幻般地给了我支持。它就像一个密码，等着我去破译。我们尝试着去激活这种感觉并有意识地寻找它、了解它。我总觉得，在伴侣关系中，还有比找到一个正确对象更重要的事。在我灵魂深处总有一个声音不停地说：还不到放弃的时候！我不断发现那些能让我与他彻底分开的问题，正是因为这些问题，让我与之前的男友们分道扬镳。确实如此，如果我真正感到绝望并敢于面对现实的话，我就应该能看到，这一切我都曾经历过！他和我之前的其他男友一样！我在自己的婚姻中所处的位置，竟如我在南非的小镇上，或者，恰好置身于隔断东、西的柏林墙边所碰到的问题一样，归根到底都是沟通的问题。面对那似乎无法逾越的障碍，我一直在努力，试图引导那些还没有意识到彼此分隔的人再走到一起。

认识到这点后，我们努力去避免彼此伤害，在危险的边缘及时停下脚步。我们试着敞开心扉与对方交谈，慢慢地用探究的而不是恐惧防御的眼光去观察对方的世界。我去寻访婚姻问题咨询专家，阅读相关书籍，参加学习班，进行带有自我治疗性质的培训。我们越来越有勇气与别人共同探讨我们的真实状况。在谈话过程中，我们发现，不管彼此的距离有多远，我们仍有可能变得亲密无间。随着对对方的逐步了解，我们开始带着快乐的心情谈论我们婚姻生活中珍贵的美好时刻。我们甚至看到，其他人的婚姻也并不见得比我们好多少。这令我们在一定程度上感到轻松，使我们更加接近彼此。

丈夫回家的次数越来越多，我也重新开始工作。作为经过培训的职业心理咨询师，我开始辅导那些与我有着相似经历的企业管理人，帮他们走出无法沟通的死胡同。我开始尝试，用曾经治愈自己的方法，去帮助处在相同困境中的人。我的职业发展过程和曲折迂回的心路历程，在此刻都具有了现实意义。我的婚姻也开始从混沌状态慢慢苏醒——充实与成就开始同步增长。

正是这时，我的生命中出现了许多难以描述的奇妙事件。我有幸结识了查克·斯佩桑诺博士（世界知名心理治疗师。——译者注）。为了走出婚姻的困境，我参加了他的一个讲座。我只知道他是来自美国的资深婚姻问题专家，著有许多作品，而我一本也没读过。

他一开始演讲，我的眼泪便止不住地往下流。我被他深深地打动了，他的话触及了我的心灵。这个站在我眼前的男人，似乎就是我要寻找的那个人，他了解我的想法和感受，他所阐述的有关两性关系的重要问题及规律，竟与我长久以来深陷其中而不能自拔的经历如此契合。他好像一个间谍，长年累月地隐藏在我们身边，从窗帘后面窥视着我们的生活。他所举的每一个例子，讲的每一个个案，甚至说的每一个笑话，都让我觉得他已认识我和我丈夫多年，并对我们的生活了如指掌。我被深深地震撼和打动了，并感觉由此获得了解脱。

在随后的3天里，泪水一次又一次地涌出我的眼眶，我内心深处经受了一次巨大的洗礼。我知道，我终于找到了那些对我个人生活和咨询实践具有重大意义的问题的答案。此刻，我清楚地意识到，我生活中碰到的任何困难和麻烦，都涉及是否爱护自己这个问题。我的个人生活经验和工作都在不断引导我走向这个核心问题，但从没有人能如此完全彻底并细致准确地向我指出这一点。其实所有的答案都在我的心中，只是我从来不曾真正相信过自己。在查克·斯佩桑诺的帮助下，我终于逐步确立了对整个世界全新的认知体系。我觉得非常快乐，渴望立刻投入到研究工作中去。

我的工作方式彻底改变了，我与丈夫的关系也呈现出新气象。我们试图去融化婚姻的坚冰：我们更加真实地在彼此面前展现自己，也更清楚我们曾变得多么陌生。我们都从对方那里获得了理解和支持，而此前我们之间充斥着永无休止的战争。在这种新气氛中，只需只言片语，我们就能理解彼此的不同和愿望，我们的沟通发生了戏剧性的变化。朋友们几乎都不敢相信自己的眼睛："这两个人竟然会……"我们的爱情焕发出前所未有的活力与激情。我们宛如重新坠入爱河的情侣。

就在这时，情感瘟疫在我们的朋友圈里蔓延开来。几乎每天都有人向我倾诉情感困惑和婚姻问题。似乎越来越多的人走进了两性关系的死胡同。昨天还如胶似漆的伴侣，今天却面对分手和苦涩的婚姻结局。有时两个昔日伴侣间变得无话可说，有时却会发生一场致命的玫瑰之战。这股情感瘟疫迅速蔓延不可控制，常常以劳燕分飞而告终。我们的朋友、邻居和同事，没人想要离开自己的伴侣，但都在束手无策的情况下，无可奈何地分道扬镳。

在我的心理诊室，这股瘟疫开始并不易被人觉察，随后却以惊人的速度变成了核心问题。尤其是来访的男士，他们最初总是就如何保持个人成就和追求职业发展等问题来咨询。但大部分情况下，只要经过一两次面谈，我就能发现，其实事情总是在围绕人际关系打转——与同事、合作者、上司等的关系。令我的访客惊讶的是，其中也包括与伴侣的关系。一旦触及这个敏感问题，许多人会突然呼吸不畅，甚至整个人失去控制，泪水也会涌出眼眶，因为真正的飓风中心恰恰就在家里，在那张婚床的中心。

伴随着这股长期得不到宣泄的情感浪潮而来的，常常是对人生更深一层的认识。虽然男士们最终攀上了事业的顶峰，但他们却不得不独自为自己的全部行为负责。他们的追求越来越不切合实际，同时也越来越疏远自己的伴侣和家庭。他们极其渴望能重新协调个人生活与职业目标之间的关系。多数情况下，当个人生活中那些纠缠不清的问题最终能冲破阻力成为谈话中心时，他们会迅速提高对家庭生活的关注度。一时间，他们产生了再次与自己伴侣交谈的愿望，并希望带伴侣一起进行咨询。

越来越多的伴侣带着绝望的神情来到我的诊所，就像我从前那样。几乎没人愿意分手，但也没人能明白，那致命的爱情病毒是如何悄无声息地侵入到他们的亲密关系之中的。大部分人已放弃挣扎，只是对孩子心怀愧疚，并感到十分紧张害怕。

我在无意之中成了所谓的婚姻问题专家。我的婚姻是促使我成长的源泉，书籍和培训则是冰河解冻的第一个讯号，查克·斯佩桑诺博士就是推动我转变的巨大波澜，那些找我咨询的人成为不断充实我的水流和指导我学习的导师。他们身上的每个问题都使我更深刻地认识到，我自身在婚姻中所经历的种种磨难都不是偶然现象，从中可以看到婚姻发展的规律性，它不仅适用于家庭内外人际关系的发展，甚至也适用于种族间冲突的解决。人们只有深入到一种特定的关系中才能真正地理解它。人际关系中的问题，对那些生活在其中的人来说，只有将其视为一种促使自己改变的推动力，才能真正得到解决。分手并不是解决问题的办法，那只是降低了治愈的可能性。

我希望通过本书，能令推动我前行的浪潮继续奔涌。在此，我对所有在生活中给予我爱的人，表示深深的感谢。我衷心地希望那些对婚姻和爱情失去信心的人，能在决定分手前看到此书。我非常开心能与大家分享我重拾希望、爱和勇气的经历与感受，也鼓励大家与自己的伴侣一道，重新发掘爱情和婚姻的美好与乐趣。

本书为谁而写

这本书是为了这样一些人而写：他们生活在固定却令人不满的两性关系之中；他们面临离婚抉择，或者正纠缠在三角关系中；他们有外遇、被欺骗、被迫更换伴侣，或者总是不断被抛弃；他们想要拯救自己的婚姻，却没有勇气去面对，或找不到解决办法；他们也许已经承受了许多婚姻痛苦。

也许你认为自己很清醒，觉得自己的婚姻只是一座废墟；也许你已经听天由命，不再对重新走近伴侣抱一丝希望；也许你依然想尽最后的努力，来拯救失去的爱；也许你很绝望，因为你有一个地下情人，并因此饱受着对孩子和伴侣的愧疚及恐惧的折磨。

也许你已经想到了离异，却害怕说出真相，害怕供认不轨行为，害怕伴侣的愤怒。我的经验表明，伴侣关系中经常存在的问题，往往以两种主要方式出现：要么是你觉得如此压抑，想尽快离开；要么是你用尽全身的力量去压抑一切焦虑的感觉，同时试图不再去表达自己的要求和想法。也许你正在黑暗中摸索，想知道能否找回自我，该如何找回自我。

你是否属于内耗型

你是否看似一切都完好无损，内心却感觉困顿无力？你是否有时会被一个念头突然击中："眼前这一切真的就应该如此吗？"是什么在你头脑中噼啪作响？你是否对自己或伴侣隐瞒了什么，似乎你的伴侣是最后一个知道你正在经历什么的人？你是否害怕伴侣意识到你们生活中存在谎言？当你在餐馆或聚会上看到其他朋友时，是否"其他人可能更幸福"的臆想越来越经常地出现在你的脑海里？你是否感到自己的付出越来越多，收获却越来越少？你的性欲是否在逐步减退，越来越需要新的性爱技巧和姿势的刺激？你是否觉得自己如同燃烧后的灰烬？你是否正在经历一段婚外恋？你是否正期待令人兴奋的桃色事件？你害怕面对孩子吗？害怕独处吗？害怕你的人生理想会破灭吗？害怕倾听内心的真实声音吗？

你是否属于外损型

你是否一直忙于维护你的婚姻关系？你是否不喜欢关于心理状态的探讨？你是否觉得你的内心与任何人无关？其实，有时你仍害怕被人抛弃？你的伴侣是否正在怀疑自己对你的感觉？你是否一直觉得或刚刚得知，你的伴侣爱上了另一个人？你是否把越来越多的时间和精力投入到工作、业余爱好和约会中，几乎没有时间留给你的伴侣？你是否觉得被你的伴侣疏远，被置于压力之下，被围困或即将被逐出家门？你是否觉得无论你为伴侣付出多少，永远都不够？你会发生外遇吗？尽管你根本不想如此。你会用酒精、食物、毒品、性、电视、电脑和其他你无法控制的嗜好来麻痹自己吗？

如果上述两种情况（内耗型和外损型）或多或少地出现在你生活中，那么你需要做的不是与你的伴侣分手，而是改变自己。你需要下决心进行治疗，你需要的不是找到唯一正确的伴侣，而是开诚布公地直面你和你的伴侣之间关系的真相，你需要的是意志力、理解力、时间、耐心和及时适量的心理治疗。

目 录

第3章 / 伴侣只是你人生剧本中的一个角色

第4章 / 相爱越真，失望越深

第 5 章 / 性与爱的迷局

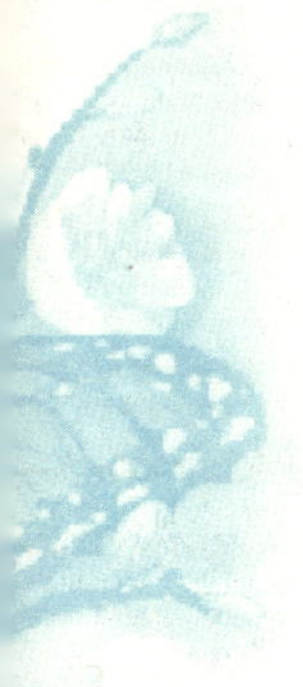

第 6 章 / 她变成了复仇女神，他变成了懦夫

第 7 章 / 出轨并不是第三者的错

第12章／秘密的情爱后花园

第13章／孩子是家庭的一面镜子

第1章

和谁结婚都一样

Liebe dich selbst und es ist egal, wen du heiratest

婚姻绝对不是将浪漫当作礼品
加以精美包装，它的真意在于
能否平衡和调节
伴侣间的内在冲突。

也许你会觉得不可思议，但事实上不管跟谁结婚，结果都一样。你不能总是期望你的伴侣帮你找到真正的快乐，让你重获自信。无论你和谁结婚，最终总是会与自己相遇。因此，我认为你大可留在现在与你一起生活的这个人身边——不管你们现在的状态多么糟糕。当婚姻搁浅、气氛冷漠时，当内心充满愤怒时，当彼此仇视厌恶时，恰恰正是婚姻的转机。

我知道这个观点马上就会引发各种反对意见。童话故事中，王子与公主相遇、相恋、结婚，然后永远幸福地生活在一起。而现实中的婚姻生活却危机四伏，处理不当，原本相爱的两人就有可能分道扬镳。

目前，世界平均离婚率已达到33%，在人口稠密地区，离婚率甚至高达50%，仅在2003年，德国就有超过20万对夫妻离异。所有这些人在结婚之初，都希望能找到自己的幸福，而且他们相信找到的正是自己的另一半。后来他们离婚，是因为他们觉得自己没有得到当初所希望的幸福。所以，这段婚姻看起来就像一个早已设计好的骗局。

幸福掌握在自己手中

如果我告诉你，至少有 70% 的婚姻根本不必以离异告终，你和谁结婚结果都一样，因为你最终遇到的还是你自己，那你会有什么样的想法?

我希望能推动你的思维从另外一个完全不同的角度来剖析婚姻：婚姻绝对不是将浪漫当作礼品加以精美包装，它的真意在于能否平衡和调节伴侣间的内在冲突。婚姻一直就是能让彼此从对方的给予中发现真爱的场所。生活哲学告诉我们：生活本身就是一所学校。如果确实如此，那么亲密关系和婚姻就是一所培养社会精英的高等学府。在这里，你首先必须面对一场艰难的考试，然后，你才能更多地学习和成长，被更多的人接受……

即便《格林童话》一心想传达给我们“从此王子和公主就过上了幸福生活”的大团圆结局，但是大自然对一切都自有安排。在婚姻的内在核心里，始终埋藏着生命中最具挑战性的动力和彼此矛盾的冲突。尽管两人的亲密接触，使婚姻关系比任何其他形式的关系都要丰富得多，但是同时，这种长期持续的关系所承担的责任，也会令彼此最大限度地相互消磨损耗。婚姻时常会令我们感到沮丧——睡在身边的那个人似乎并不是最好的灵魂伴侣，而自己却无能为力。

从出生那一刻起，我们就置身于人类生命的对立统一之中。我们从来就是不完整的。从生命开始的那一刻起，我们也开始了寻找另一半的旅程，渴望与他实现身体上、精神上以及情感上的统一。这种渴望是与生俱来的，来自我们的遗传密码。终于有一天，我们碰到了生命中的他，并结为夫妻。驱使我们不断寻找的内在力量终于平静下来，我们第一次感觉到完满合一。

但往往好景不长。结婚几年后，有多少伴侣能一直相依相偎，始终保持完满合一？他们还能感到多少和谐与快乐，是否还能深层次地进行沟通？你是否认识一对结婚多年的伴侣，他们仍抱有希望，能通过彼此达到自身的完满合一？哪对伴侣能将相互间的差异当作使自己变得更加富有同情心、更加慷慨和高尚的挑战与机遇？哪对伴侣能将婚姻中出现的紧张状态当作指路明灯，去进一步了解对方？

居高不下的离婚率说明，与另一个人在一起的生活，将随着时间流逝，逐步变成一种令人无法承受的负担。与我们结婚时所期望的恰恰相反：一切长久以来我们所渴望的幸福、完满以及和谐，不仅没靠近我们，反而使我们完善自身的希望和对另一半的信任渐行渐远。

本书探讨的是关于幸福的主题和伴侣关系中的融洽与和谐，旨在说明幸福与和谐都可能在婚姻生活中逐年增长。每个人都可以为此而不断努力，但是，你首先必须从一个误区中走出来：并非只有找到正确的另一半，你才能够获得幸福。本书要告诉你的就是，你的幸福掌握在自己手中，你，也只有你能使自己的生活和情感变得充实而丰富。但要记住，你必须将寻找的触角伸向你的世界。

真正的伴侣是你自己

经过不懈的努力，我们确实可以获得完满合一，只不过寻找的路径不在外部世界。相反，我们所需要的理想化的存在与完满合一的感觉，更多的是从我们自身内部获得。每一个人生来就是如此，但人们往往很容易忘记这一点。这就如同一颗葵花籽，所有使它最终成长为一棵向日葵的信息都已经蕴含在种子里了。葵花籽从不会自问：我能不能长成一棵苹果树？它只是向上生长，直到长成一棵最好的向日葵。

而我们人类的成长过程却从来不是那么简单。现实的限制、父母的要求、社会赋予的影响，如同精神上的遗传基因，随着时间的推移，它强大的影响力和推动力，让我们渐渐遗忘了原本属于我们的完整性，使我们看不到自己的核心目标，并丧失了扎入大地的根须，无法获得成长所需的营养和动力。我们在通向内在生命源泉的通道上迷失了方向，也就失去了与自然、充满活力、直观的生命本体的联系。而我们要承受的是，将内在的空虚包裹进一层厚厚的硬壳，开始扮演我们的角色，并为自己制订出一套完整却空虚的个性体系。

有时我们会极为固执地坚持自己的角色，逐渐忘记了自己的本来面目。我们开始自问：难道苹果树不是更好吗？也许长成向日葵一开始就是一个错误？失去了与本原的联系，我们从此陷入不断寻找的困境。内心因为相互矛盾的需求被撕裂，我们始终矛盾重重：对自由的渴望与接近他人的需求同样强烈，还未来得及享受内心深处的激情，就已被随之而来的恐惧所压倒；我们乘着梦想的翅膀刚刚起航，立刻就坠入无法突破的重围；慷慨伴随着贪婪，热爱与抗拒、有意与无意之间形成的各种矛盾，使我们徘徊不定，进退两难。我们被内心的矛盾驱使，一生都在不断地寻找、追逐：我们可以一走了之远离一切，却因为一直以来接受的观念，不得不留下来照料一切；我们期待摆脱所有束缚回归自然，但所接受的教育却不允许我们这样做；我们渴望成为一个热情奔放的女性，追求梦想中的情爱，但我们的母性却要求自己承担起所有的责任，无法随心所欲；我们梦想成为一个充满力量的男性去经历更多的风险奇遇，心里却希望躺在温暖的怀抱里得到无微不至的呵护。

当我们试图从与另一个人的共同生活中寻找自己的幸福时，我们想得到的，其实是内心的稳定与和谐。我们在寻找回到自身本原的可能性和作为种子的完整性，而通向核心的渠道却在此时被堵塞。大多时候，我们甚至无法再感到它的存在。我们所拥有的宝贵资源被内心的紧张所遮蔽，如同被关在笼子里的动物，内心的感觉被封锁在内心深处得不到宣泄。所以，我们不再是完整统一的个体，我们的部分人格枯萎凋谢，并在潜意识里彼此冲突。我们的生活杂乱无序，失去了发展的方向。

但是，这些内心冲突，多数时候并不能被我们清醒地感知，我们只是感觉内心缺乏平静与快乐，于是在身边寻找一切可能使我们得到改善和补充的事物。我们一直都在寻找更好的另一半，寻找伟大的爱情，以及一个能让我们感到安宁的人。一旦我们满怀激情地投入一段感情，便会渴望完整和统一。人们希望通过与另一个人建立伴侣关系来满足自己的需求。所以，人们需要一个伴侣，使自己感受完满，得到理解，使自己变得强大，得到提升，并实现内心的平衡。

学会如实地展现自己

为了能找到并拥有理想伴侣，我们必须展现出最精彩的那一面——问题立刻就出现了。我们表现出来的是我们认为能够被对方所认可，特别具有展示性的长处。实际上，我们感觉自己一直很受伤，因为对方不能接纳我们原本的样子，最终我们会自觉地将自己所扮演的角色不断内化，直至彻底忘记本我。

当我们认识新对象，我们不是生活在自然完满的状态下，而是作为一个“更理想的另一半”存在着，并努力展现着我们认为特别值得展现的优势。在潜意识里，我们努力按照小时候父母所期望和长大后社会对我们要求的方式去生活。同时，不仅在我们的另一半面前，甚至在自己面前，我们都试图将个性中并不吸引人的部分隐藏在表面的完美光环之后。而这样的戏法令我们越来越苦闷，越来越不幸福。如同一个电影场景：

> 一位年轻姑娘为了去赴长久思念的心上人的约会仔细地打扮自己。
>
> 她一只手拎着性感的三角小内裤，另一只手拿着一件能将肚子和屁股紧紧包裹起来的肉色紧身衣，让大腿到腰身的曲线充分展现出来。让她难以抉择的是，究竟要不要穿上这件紧身衣？如果她穿上了这件紧身衣，她的身材会显得修长苗条，十分诱人。可是，一旦到了那个决定性的夜晚，当那个梦中情人脱下她的外衣看到那件肉色的玩意儿时，他将会作何反应……可是如果她不穿紧身衣，只穿那件诱惑力十足的性感内裤，那么他会在见面的第一刻就看到她臀部凸出的赘肉，而她每走一步都要担心裤线是否会绷开。

没有什么能比伴侣关系更容易让我们的内心世界暴露无遗，也没有什么能像亲密关系那样彻底揭穿我们美化自己的各类诡计。我们越是彼此接近，生活的时间越长久，就越无法控制自己，越来越偏离生活的轨道。易怒、伤害、误解、抱怨、疲惫、麻木、猜忌……因此，对我们的亲密关系和伴侣生活至关重要的是：我们应该诚实地看待自身，并学会如实地展现自己。

我们必须有直面自己本性的勇气。如果我们不打开心扉接纳它，那么我们会将身边的人都赶走。所以，我们必须自己先看清长裙下包裹的身体，接受那些恼人的赘肉，坦然面对一切。在这种情况下，我们首先要搞清楚，那些我们欲除之而后快的赘肉，是否在更深的层面上对我们有特殊的意义或积极作用。

一位心理咨询师向我讲述了一个咨询者的故事。这位女士深受肥胖之苦，她用尽了各种办法去减肥，但收效甚微。此外，她还发现，每当她想跟一位男士确定关系时，她的体重就会明显增加。她开始认真研究自己内心对于男人的潜在看法，之后她不得不承认，对待男人，她的评价一点儿也不比早年被父亲遗弃的母亲好。于是，她渐渐开始明白，身体上增加的赘肉，恰恰是自我保护的一层铠甲，不仅能用来防止她陷入情网，还能避免她最终被抛弃的命运。

后来发生的事情，使她终于能够看清男人与肥胖之间的关系。由于工作的原因，她必须去埃及几个月。在那里，男人更喜欢体态丰满甚至肥硕的女人。所以，当她从埃及回来继续咨询时，她明显地消瘦了。她的身体再次为她筑起了自我保护的防线，令男人对她望而却步。她告诉咨询师："不知道为什么就瘦了，我一点儿食欲都没有，完全不想吃东西……"当她认识到其中相互制约的关系后，又过了一段时间，她调整心态后，终于能向一个男人完全敞开心扉并接纳他。自然而然，她身上那层像铠甲般的赘肉也就消失了。

我们都痛恨精神上和身体上的赘肉损害了自己在别人眼中的形象，让我们产生羞耻感并对自己感到愤怒。于是我们努力戒烟，节食减肥，尽量不喝带酒精的饮料，因为我们希望伴侣眼中的我们是完美的。

可是，我们从来也不曾想到这样的现实：我们寻找，是因为内心的缺失或痛苦。事实上就在我们试图寻找安慰的时候，我们仍感到孤独或无助；当我们懒散地抽烟或恣意地喝酒时，我们感觉受到内心的谴责和抵制。我们不想变得软弱，也不愿被赘肉所拖累。于是我们不断用自己的意志与自身的缺陷做斗争。但通常情况下我们能在短时间里坚持原则，摆脱困扰，但成瘾的嗜好最终将在反弹作用下使我们陷得更深而不能自拔。

换伴侣不能解决一切问题

那么，如何长期有效地戒除嗜好？首先我们必须了解，香烟、巧克力、啤酒，或者其他任何一种令我们上瘾的东西，并不能真正给我们带来愉悦的感觉，我们只是暂时将注意力转移了而已。当麻醉作用降低到一定程度后，我们内心的感觉只会比此前更加糟糕。

每一种恶性嗜好都是这样形成的，其中也包括对伴侣关系的依赖。其实重要的并不是如何转移我们对内心痛苦的关注，而是如何去了解造成依赖性的最核心问题。德语中“成瘾”(Sucht) 和“寻找”(Suche) 的词干相同，正好表明了其中的紧密关系。不管是伴侣、食物、烟酒还是毒品，我们都是因为寻找而成瘾。酒精能帮我们摆脱僵化压抑的感觉，几杯酒下肚，我们会慢慢放松下来，感觉自己轻松愉快且慷慨大方；香烟则带给我们自在与浪漫，尤其是在打电话、谈话或思考时……我们的伴侣更是抵御各种问题的灵丹妙药和万金油，而他们的首要任务就是给我们那种一直在寻找的完满合一感。

原有的完满合一感，体现了我们对身体接触的需求。但不知从何时起，我们在生活中不再去追求流畅灵动的感觉和盎然勃发的生机，不再去设法接近对方同时保持彼此的自由。

我们从对方那里不仅不能得到满足感，反而遭到责怪和拒绝。这样的伤痛令人难以承受。于是我们宁愿将所有的这些需求彻底根除，让自己和周围的人都相信，我们已不再需要这一切了。现在，痛苦消失了，没有人能再伤害到我们，但留在内心深处的却只有一片空虚。

失去内心的感觉，失去与他人的联系，压抑自己的需求，我们已不再是一个完整的个体。

开始时，我们能在放纵的片刻感到满足，心灵也得到了片刻的宁静。但我们早晚会认识到，自己已陷入了一个恶性循环的怪圈。我们为填充欲望的深谷而焦虑憔悴，为了暂时的解脱而不停地奔波忙碌。所有这些求得一时快乐的手段只能让内心的空洞越来越大，而所有能通过自我麻醉获得一时安慰的解脱方式，奏效的时间也会越来越短。没有一个伴侣能长时间地满足我们的需求，我们只能越来越沉迷于各种各样的麻醉品中。

只有当我们敢于重新追问自己，我们究竟为什么不断地麻醉自己？究竟要逃避什么？只有当我们放弃嗜好，再次回到对本原的追寻中来，我们才有可能重获健康和幸福。

如果我们鼓起勇气走上自救的道路，那么嗜好就会被我们转化为前所未有的力量。

为了建立起能带来幸福的长期关系，我们必须对我们人格中那些被拒绝、被压抑的部分进行处理和调整。我们总是像表演木偶戏那样来扮演自己的角色：充满爱心的伴侣、关怀备至的父母、乐于助人的同事、坦诚忠实的朋友。我们首先学到的是，应该按照成人和社会的要求去扮演适当的角色。然后我们将个人的价值观连带这些外在的要求，一并内化为自我的一部分。但问题是，当我们无法满足这些要求时又将如何？

当我们还是孩子时，就已经知道，大人是根据我们的行为划分好坏的。所以，我们学会了将所有坏的行为隐藏、遮盖起来。当然我们也竭力让自己更符合好孩子的标准。在我们身上始终潜伏着其他需求：作为孩子，渴望无拘无束地玩耍；对一切都充满好奇，希望去尝试，不断获得更多的新鲜玩意儿；直到今天，我们仍会在安静的时候梦想着激情，希望自己还能再次疯狂，尽情宣泄压抑的情感，让我们心底的需求得到满足。但我们却不可能真的实现这些愿望。自控能力越强的人，面对内心的渴望就越犹豫不定。我们总是咬牙挺住，将自我需求强行吞下去，闷在肚子里，只在别人面前展示我们最优秀的一面。事情一旦行不通，我们就会绕道，为内心的渴望、感觉和需求建立另一条宣泄渠道。于是我们变得贪吃嗜酒，在酒足饭饱之际吞云吐雾，或扭曲纵容自己，甚至做一次疯狂的秘密情人。

我们越是在潜意识里不接受内心的“恶”，就越得付出更多的努力去隐藏它、拒绝它，用一个能被外在所接受的“好”来代替它，甚至干脆将它压抑下去，直至遗忘。

但是，它并不会因此而消失，恰恰相反，所有这些会改头换面，通过其他渠道，尤其是在亲密关系中，更强烈地显现出来。就在我们亲密接触时，所有那些看起来极为令人厌恶的性格特征都会准确无误地展现出来，而在我们的婚姻中，我们最可能丧失理性。我们隐瞒真相，撒谎遮掩；我们寻找外遇，试图离开；我们贪婪地希望不断攫取。当我们意识到这一切，也会对此感到惊慌失措，我们怎么可能做出如此不堪的行为呢？我们只能把原因推到外部，于是我们的伴侣便首当其冲地成了这一切的罪魁祸首。是他们让我们变得不幸，让我们忍无可忍。真正将我们推出家门的，是他们！而我们所做的一切，都是为了维持这份充满爱恋、生机勃勃的伴侣关系。对那些“恶毒的”、具有控制欲和破坏欲的感觉及想法，我们大多时候是完全没有概念的，或者我们根本不想知道。

实际上，世界上只有一条真正解脱的道路。只有通过这唯一的途径，才能有效地建立和谐的伴侣关系：我们必须有勇气去正视自己的本来面目，真正接触我们的伴侣，坦诚接纳我们内心对真相的了解。

一旦你触及令人不快的性格特征和在行为中呈现出的扭曲恐惧，并为此感到震惊，那你就能开始慢慢从另一个角度来审视伴侣关系所面临的困境。你开始渐渐感觉到，令你不满的这段关系，与你内在深藏的消极乃至破坏性的观念有着直接的因果关系：你越竭力付出关爱，就越觉得你的努力在不知不觉中变得毫无价值；你越祈求靠近，你离他就越遥远。当一线曙光照亮你的意识层面时，你甚至模糊地感觉到，自己从来就没有得到过应有的重视。你会发现并认识到，你的亲密关系已成为一种模式，更换伴侣并不能避免重蹈覆辙。

再多的男友都是初恋男友的翻版

对明星来说，会有更大的空间和舞台展示自己，或去完成一些其他人不可能做到的事。从好莱坞到中央法院，从摩纳哥到柏林，人们总会碰到鲍里斯·贝克尔（网球明星，前世界单打排名第一，有“德国网球金童”之称。——译者注）现象。

有些人在经历了一段交往甚深且持续很久的情感后，会突然分手，这令人们感到非常意外。然后他们在短时间内又开始一连串令人眼花缭乱的暧昧关系。就好像唱片上有了一道划痕，同一首歌总是在同一个地方重新开始，又在同一个地方跳回去。不管是电影明星还是体坛健将，或者是公爵的女儿，情况总是这样。令人难以置信的是，这些伴侣几乎就像是同一个人。明星们不断地制造婚变，好让自己能一再以相似的方式与相似的人走到一起。而他们都在寻找的，似乎就是他们原本不想再拥有的第一次感情的重复。

八卦杂志总是喜欢把已经分手的明星们的照片放到一起，于是，普通读者很疑惑，为什么网球明星鲍里斯·贝克尔不能干脆就留在他的前妻芭芭拉和孩子身边？为什么他总是寻找那些特立独行的外国明星，而事实上又不能长久？他的自传或许能向我们揭示其中的奥秘。鲍里斯·贝克尔似乎一直在寻找什么，而这显然是他的前妻芭芭拉和他那些短期伴侣都无法给予他的。因为他在寻找的，是他自己。

在自传中，鲍里斯·贝克尔勇于直面自己的内心，披露了此前的私人生活状况。他承认自己有时依赖酒精和药品，并公开表示对放荡关系的悔恨。这本自传所起的作用如同自我治疗，令他得到了解脱。在《盛装》杂志对鲍里斯·贝克尔的一次访谈中，他坦承："对我来说，这是一种极端的状态。我该如何与疯狂的社会公众以及随之而来的压力妥当相处？我能向谁请教？我感觉没人能帮我。"他还表示："很多时候，我更像是一部机器而不是一个人。在球场上，我只有正常发挥才能赢得比赛；球场外，我只有保持微笑才能维持人气。表面上一切都很完美，但背后的一切又有谁知道呢？”

鲍里斯·贝克尔和其他明星一样，始终处于惧怕丧失公众关注的压力之中。如果人不能再通过自己的感觉去感知世界，就只有从外界去寻求认可和接纳，自然就无法感知我们身边那些人的存在。我们去寻找，努力尝试，但我们什么也感觉不到。我们只能被自动运行的内在模式所驱使，一路磕磕绊绊走下去，直到有一天，我们终于与自己再次相遇。

有一次，我读到一篇关于冰上明星凯塔琳娜·威特的简要报道。在她结束了自己刻骨铭心的初恋之后，“至少有八个男友从她身边匆匆而过”。报道还配了照片，从中可以看出，那些新男友几乎都是初恋男友的翻版。凯塔琳娜·威特在访谈中透露，她一直“无法摆脱悲伤”，在她寻找共同生活的伴侣时，似乎总是不能碰到正确的那一个。一位前男友则对此发表了另一番言论：“如果你跟凯塔琳娜一起生活过，作为男人，你从事什么工作都无所谓，因为你不过就是她的搬运工而已。”而习惯置身于耀眼光环之下的凯塔琳娜·威特则表示，她从来不想和一个只能依赖自己的男人共同生活：“对我来说，重要的是我能与我的伴侣平等幸福地生活在一起。如果现在这个不能给我这样的感觉，那么我就不得不为了我的幸福去寻找下一个。”

如果我们总是希望从新伴侣那里得到幸福，那么我们通常会在对现有伴侣失望之后，立刻去寻找新伴侣。就像凯塔琳娜·威特那样。

无论和谁在一起，人只有先解决了自己内心的冲突，才能最终找到属于自己的幸福。我们通过媒体报道能了解到明星们对亲密关系的渴求，也许他们拥有更多的可能性、更少的限制，能够更自由地去尝试，但内在的焦虑让他们与普通人一样，被驱使着不停地奔向下一个新目标。我们意识到自己渴望与他人确定关系，但潜意识中的一套系统却总是在破坏这个目标的实现。如何发现其中的矛盾并坦然面对它，正是我们所要讨论的主题，也是我们真正的任务。

如果我们不能进行自我审视，看不清楚为什么我们的生活总是在固定的地方出轨，我们的伴侣关系就会像唱针一样，在同一个地方跳开，那么我们的生活就如同带有划痕的唱片，总是回到开始的地方，最终让我们筋疲力尽，沉沦于无爱无趣的黯淡人生。

仅仅依靠我们的理性和意识很难完成这份工作，即便我们拥有坚强的意志力，并且明确告诫自己：再也不要陷入同样的关系中，再也不要经历同样的痛苦，再也不会接纳这样的伴侣，“一切将要重新开始”！即便如此，内心的固有模式、错误的婚恋观念以及内心的伤痛却早已使我们的爱情陷入恶性循环的怪圈：一切都会再次重复。

不改变自己，换了伴侣命运还是一样

希尔德来找我时，刚刚和男友分手。他们已相处了很长一段时间，但男友却经常欺骗她。之后，她的现任丈夫将她从那个冷血的花花公子手中拯救出来。一切看起来都那么幸福美满，她丈夫与之前那个男友完全相反，心地善良，对她也关怀备至。然而谁也没想到，随着时间的推移，这个男人简直变成了另外一个人。不知从什么时候起，他开始挥霍无度并欺骗她，甚至比之前那个男友更恶劣、更无所顾忌。

卡琳斯的第一任丈夫不仅依靠她生活，还经常殴打她。她的朋友们都说："那家伙性情暴躁，极端自私。"大家都一致认为，她不应该和那个混账男人在一起。她的下一个男友看起来则完全不同：温柔体贴，善解人意，慷慨大方。卡琳斯的生活顿时充满了阳光与希望。可是，不知从什么时候开始，这个看似完美的男人也开始殴打她。分手时，她两手空空地离开，再次变得一无所有。

当第三个男人出现时，对卡琳斯来说，简直是一个奇迹。他是个成功的企业家，完全拜倒在卡琳斯的石榴裙下，对她呵护备至。他立下遗嘱，将自己一半的财产留给了她。然而，在他们结婚后，他也开始殴打她。不久之后，这个男人破产了，她自然也失去了一切。

你可以把这些事例看成令人感伤的个例，但是，感情确实有其发展规律可遵循。对此，我们或者不愿承认其存在，或者无法领会其内涵。人们的潜意识很可能隐藏在内心深处不易察觉，但会在伴侣关系中很轻易地显现出来。

即便现在你的伴侣关系看上去很和谐，但你会发现，令你失望并急于摆脱的感情，往往是由你自己一手造成的。这一点，你将在阅读本书的过程中逐渐深入地理解。

真爱能让青蛙变王子

婚姻的发展存在着一定的规律性，在一段婚姻破裂后，有些人可能会产生畏惧心理，正所谓："一朝被蛇咬，十年怕井绳。"人们会担心，一旦步入婚姻的殿堂，大部分罗曼蒂克的幻想就不得不抛到九霄云外。

我们时刻殷切期盼着翩然而至的白马王子和完美无瑕的公主，但找到的却都是一些平淡无奇的人，尽管我们很失望，但还是接受了他们。然而在婚姻的长河里，他们越来越乏味无趣，变成幻想破灭后不招人爱的"青蛙"。

一位智者曾说过："从你爱上一个人的那一刻起，从王子到青蛙的蜕变过程就自然而然地开始了。"对于智者来说，这没什么令人焦虑的："作为青蛙，并不是什么糟糕的事情。整个世界充满着'青蛙人'。"智者甚至认为，当我们梦想中的王子或公主现出青蛙的原形时，我们应感到幸运，因为真正的王子和公主是不会对我们这些青蛙感兴趣的。“我们最好还是接受这样的现实：我们也不过就是青蛙而已，还是去真诚地发现其他青蛙吧。”这就是智者给那些为情所困的人开出的药方。

在有关感情的童话中，我个人很推崇《美女与野兽》的故事。它给人以启示，如果你没有放弃正在衰老的青蛙或憔悴胆怯的蛙女，如果你始终坚持不懈、满怀激情地爱着相貌丑陋、令人惧怕的野兽，那么通过无条件的爱，野兽也会变成王子或公主。人的大脑中都有一个理想情人的模板：他们美丽、强壮、聪慧、善解人意、感情丰富、教养良好……根据不同的成长经历，不同的人可能有上千种期待的模板。但一个人心目中的王子，可能就是另一个人眼中的怪兽。我们将不断用心目中的标准来反复衡量自己的伴侣，一旦我们发现他们有什么地方不符合这个标准，就会不假思索地断定，他们根本就不是我们的王子和公主，而是青蛙或者野兽。

真正的爱是不会受这种期待模式影响的。残疾儿童的父母都明白，他们爱自己的孩子，不是因为他们是这样或那样的孩子，这种爱通常是无条件的，而且往往超过了他们的想象。即便他们生下的并不是一个健康的孩子，他们也知道，自己深爱这个哭闹不休的小野兽，于是，小野兽就在他们心目中变成了小王子与小公主。

幸福婚姻从接受伴侣的本我开始

你是否想过要离开自己的孩子？如果答案是否定的，那么为什么当伴侣不符合我们梦中情人的标准时，我们就要换一个新的呢？“没错，对极了！”你们中的一些人可能会这么说。的确有一些人在与新伴侣相处的过程中，感觉更和谐、更满意。这样的人我也认识。现实中只有很少一部分人，会认真反省自己的问题，试着去改变自己，以全新的面貌投入下一段感情。而大部分人在离异后，都只是设法缓解自身的痛苦，而不是去了解和认识痛苦的根源。

我想说明的是：作为夫妻，就意味着既是父母，又是爱人。事实上，婚姻就意味着在另一半那里锻炼自己爱的能力，更深入地体会内心充满感情的状态，尽可能真实地对待另一半。

从上述观点中我们知道，重要的是如何去接受一个人的本来面目。这就意味着我们要不断训练自己，以另一种方式生存，改变思维模式，接受对方的弱点、缺陷和彼此的分歧，并设法与之融合。作为夫妻这种形态存在，是个体扩展并接纳他人的一个长期的持续过程。所以，夫妻生活首先是个体性格在日常生活中的发展过程。在精神领域的最深处，夫妻将因彼此拥有而共同逾越分离感。这里的分离不是指身体和现实空间上的，而是指精神上由于被拒绝、被批判而产生的分离感。

成为夫妻，就意味着彼此承担责任，相互关照，相互给予并滋养；情侣则意味着彼此接受，相互发现，寻找乐趣并彼此欣赏。当然生活从来都不是非此即彼的。在我们身上也总是两种情况交替出现。

如果你的生活被划分为两个部分，在一种关系中你是父母，在另一种关系中你是情侣，那你内在的分裂也必将表现出来。虽然你与原来的伴侣已分手，但彼此间仍会涉及诸如子女教育等事务。与新伴侣一起会重新焕发出生活的激情，再次获得自由，并重新发现生活的乐趣。与新伴侣一起，我们常常会摆脱之前的家庭和社会制约，终于能将始终被压抑而同时又不断推动我们的那部分渴望释放出来。在某种意义上，我们与新伴侣共同成长。

摆脱枷锁的最好方法就是爱上它

与原有伴侣在一起的生活，十分符合我们从小所接受的家庭模式。随着时间的流逝，我们与伴侣一起，经历了几乎所有可能出现的固有的家庭生活模式。尽管我们曾发誓，一切不会再重复。我们出生成长的那个家，化身为原有的那个伴侣。在那个家中，我们受到种种制约和深深的伤害。随着离异，我们终于能离开这个“家”，重获自由。但是，一切旧有的痛苦与难以摆脱的依赖都与原来的伴侣不可分割。我们再次在两个伴侣之间游走，只是这次我们将自己内在的分裂投射到两个不同的伴侣身上，来判断他们的对错。

通常，一段感情只有在自然的状态下，才能够保持其真正的魔力。你可以观察一下，当孩子和金钱在你心目中越来越重要时，这段感情会发生怎样的变化。

你将会发现，即便两人已经分离了，但此后两人仍然可能无休止地用各种报复性的想法折磨彼此。有时两个已分开的伴侣间仍会有激情与渴望。他们发现，拒绝和仇恨甚至能像爱一样，将两个人紧密联系在一起。

你会对自己说："我总不能为了维持一段消极的感情而不惜付出任何代价吧？我要继续留在一个殴打自己的男人身边吗？或者，我要继续接受一个满口谎言的女人吗？"不，我并不主张逆来顺受，也不赞成貌合神离。我看到这样的伴侣，常常为他们感到悲哀。太多的人放弃了寻找共同的道路，反而逐渐淡化彼此间的吸引力。他们没有在人生之旅中相互支持，而是疲惫不堪地僵持在半路上。

一位智者曾说："如果你想摆脱身上的枷锁，那你就要学会去爱它。"坦率地说，我用了很多年才体会到这句话的真实含义，并将它应用到我的婚姻中。

这本书应该能促使你去再次发现自己，战胜自己。希望你能从中得到启示，受到鼓励，去揭穿自己生活中的谎言，发现真实的活力与爱。这条路是通向你自己的最佳捷径，它会在伴侣关系中，将力量、关爱和激情重新带回到你的生活中来。

发自内心地寻找自我

鲁道夫·沙尔平（德国前国防部长，德国 RSBK 总裁，1994 年竞选德国总理。——译者注）在经过了 30 年的婚姻生活后，爱上了伯爵夫人克里斯蒂安·皮拉特。面对公众他曾说："长时间以来，我一直把政治当成了我的生活。"

和许多像他这样的男人一样，沙尔平长年在他的政治生涯与情感生活之间、本人与公众形象之间画上了一条严格的界限。当他跨越这条界限后，新的爱情令他焕发出全然不同的活力。这位此前僵化刻板的政治家摇身一变，剃掉了胡须，戴上了新眼镜，穿着舒适随意的休闲装，容光焕发地出现在他的新妻子面前。"我是如此渴望开始新的生活。"他公开表述自己的感受，甘愿为此受到嘲讽和批判。

许多人离异，是因为再也无法忍受一直以来扮演的僵硬角色。许多男人，为了他们的事业，不得不将自己束缚在道德紧身衣内。随着事业的发展，他们被禁锢得越来越深，直到有一天，他们突然感觉到窒息，再也无法忍受这样的制约。于是，他们离开妻子，认为这样就能从困境中挣脱出来。鲁道夫·沙尔平也是如此，就好像他必须狠心脱离原来已适应的家庭生活，才能最终找到真正属于他的世界，找回他的本原。克里斯蒂安·皮拉特只是他通过新的伴侣关系找回自我的第二次尝试。而对她而言，这个男人已经是她第三次尝试了。

完成一个转变的过程，也许需要很长的一段时间。在这种情况下，感情的突变，就如同掀起了一股飓风，席卷了沙尔平一直以来平稳规范的生活。作为一个公众人物，他早已经习惯于在刻板的生活中扮演自己的角色，而这样的飓风有可能摧毁他生存的基础。

鲁道夫·沙尔平无法向公众解释，一个能够在危急关头被国家委以重任的人，为什么会如此轻易地被情感浪潮所淹没？为了坚决维护新的爱情，实现自己向公众袒露真实情感生活的内心需求，在媒体制造的舆论下，沙尔平结束了自己的政治生涯。按照本书的观点，此举恰恰为个性的发展创造了新的可能性。沙尔平虽然牺牲了自己的政治前途，却有机会认识真实的自我。他原来扮演的社会角色虽然大权在握，却缺乏真实的生活内容。由于新的爱情，他得以摆脱这个角色，寻找新的生活。如果一个人能战胜这种危机，就一定能获得作为领袖人物去改造社会所需的内在力量。

将克里斯蒂安·皮拉特与鲁道夫·沙尔平结合到一起的神奇力量，让他们的生活完全不同于以往的婚姻。他们提升了自己想要沟通的愿望与为了爱情坚持不懈努力的勇气。沙尔平在第一次婚姻中为了政治牺牲了个人生活，而现在，他不愿重蹈覆辙。他决心在公众面前保持自己的真实性。克里斯蒂安·皮拉特也在之后的一次访谈中说道："当人们年纪更大些才会发现，爱本身是如此宝贵；当人们还能去爱的时候，会感到如此幸福。"

他们两位似乎从爱中学到了不少。而仅仅通过一个新的伴侣是无法真正实现这一点的。单独存在的个体往往缺乏力量和勇气去放开自我。鲁道夫·沙尔平在与克里斯蒂安·皮拉特经过了一段时间的共同生活后说："蒂娜和我在最近的 3 年里经历了炼狱般的考验，我们终于能够逐步建立并巩固我们的共同点。"

新的伴侣如同一个新的挑战，让我们再次拾起早已遗忘的梦想。从他们身上，我们能发现自身的一些特点。当我们再次发现了这些特点，我们内心的渴望就会重新苏醒。

如果已远离了原有的道路，且对生命活力的饥渴长久以来得不到慰藉的话，我们就必须从旧有关系狭小僵化的空间突围出去，进入一个新的空间。事实上我们跨越的是我们自身内部设立的界限。这就是为什么我们常常会违背社会道德规范，秘密地接受一个地下情人。

鲁道夫·沙尔平的经历显示，他曾经长期将政治与生活相混淆。经过几十年精神被外部世界所左右的僵化生活后，他十分期待能在有生之年挽回自己失去的时光，能有机会去体验从前未曾体验过的一切。作为一个男人，他对寻找自我充满了渴望，为此他重新敞开了心扉。当他与一个能使他重新认识自己的女人相遇时，他鼓足勇气，为了促使沉寂的情感获得再生而不懈地努力奋斗。他坚持为自己真实的情感承担一切责任，坦白地面对自己，不再为了政治而牺牲自己的生命活力。

在一次访谈中，有人问他："经过 30 年的政治生涯，您获得了哪些真知灼见？”他答道：“凡是能危害到自己的信念、个性和个人幸福的事情，绝对不要去做。”

伴侣不是问题的根源，而是救星

引起人生地震的原因不只是爱情。生活中的突发事件通常会使人陷入麻木状态，或者与此相反的狂躁状态，也可能重新得到别人的关注，回到自身力量的本源或自己原本的道路上。我们可能会不断地读到这样的故事，遭受突然打击的人们，又重新发现了生活的真谛，体会到生活的乐趣，并鼓起勇气跟命运抗衡，燃起对生活的激情。

那些有严重毒瘾的人，为了满足和充实自身及情感方面的需求，缓解内心的焦虑，陷入对各类精神或物质毒品的依赖中。在戒除毒瘾的过程中，他们不得不在麻木、脆弱、贪婪和无情等各种情感中挣扎。摆脱毒瘾则使他们最终发现了自身真实的力量，有时甚至可以探触到内心深处神圣的一面，并喷涌出难以抑制的创造力和发自内心的生活动力。

所有这些我们都能在普通的日常生活中经历。

我们不必经历情感突变的风暴，就可以与原有的伴侣共同深入发展感情。但对我们来说，这意味着更大的考验，我们必须首先给自己充电，才能为不断向前航行提供充足的能源；我们必须鼓起极大的勇气，剖析我们的真实内心，哪怕我们因此伤及我们的伴侣和周围的环境；我们必须走出舒适的避风港，结束彼此的冷战、出于惰性的妥协、看似优雅的举止和空洞虚伪的友好，我们必须做好心理准备，用一切语言和行为来奋斗，甘冒不再被对方爱，或者不再被对方理解的风险。

尼采将婚姻描述成一段“对话”。为了这段对话能持续下去，人们必须坚持对伴侣的信念。在任何一段长期的关系中，就内在的思想和感受以极端坦诚的方式来交换意见，这样，人们才能共同面对恐惧，并认真对待彼此的不同之处。

我不认为选择这条路会走得更轻松，但我相信，这会令人获得更大的满足感。坦率地讲，我之所以如此热衷于维持原来的婚姻，更多的是出于实际而不是出于道德原因。生活一再向我证明，对于个人而言，再没有什么事情会比一而再、再而三地战胜自我，并不断在更深的层面与自己相遇更难的了。为了真实地经历与自我的相遇，就必须首先接受与另一个人的相遇。这样的相遇日渐证明，我们并不需要从外界得到什么。

一旦确定了需要什么，我们就会隐晦地表达，我们是脆弱的、不完整的。每一次，当我们发现自己不再需要什么时，我们的自我价值感就在提升，爱的能力也在提升，这意味着，从降生那一刻开始，凡是我们在成长过程中可以放弃的，都会使我们觉得更加安全，更加舒适，更加自由。成长就意味着我们能够一点一点地放开我们的需求，而不是总希望得到新的东西。

伴侣关系问题似乎总会涉及我们该如何寻找缺失的自己：一

个理想的伴侣，关怀和爱护，当然还有爱情。我们似乎是在寻找更好的另一半，事实上，我们是在寻找医治自己的可能。留住婚姻并理解此举的价值所在，就得到了成长和治愈的最大机会，生活伴侣能更迅速且准确地进入我们的内心世界。每一天，他都在促使我们显露身上灰色的那一面，每一次，当我们想要摆脱他时，都应该意识到，是他在帮自己发现内心的妖魔并清除它。

我们发现，伴侣不是我们自身问题的根源，而是帮助我们发现问题、解决问题的救星。这样我们就能在接受所有令人不快且难以接受的观点时，始终保持自我，去完成自己的工作。我们在对自己强化调整的过程中，会不断与伴侣一起经历新的突破，不断加深彼此的感情，获得越来越多的自由和新的力量。我们的伴侣关系也会由此得到彻底改善，我们的社会环境也会得到改善。

彼得・罗素认为，伴侣关系就是当今西方社会的瑜伽。在这里他所使用的“瑜伽”一词的本意是指工作，特别是精神领域的工作。罗素理论的核心是：我们应该利用与他人之间的关系，使之成为瑜伽冥想的一种方式，进一步推进我们自身和当今社会的发展。

在过去的几年里，我接触了许多对自己婚姻失去信心的人。他们由于心灰意冷最终选择离异。但我确信，如果这些离了婚的人能够更多地了解亲密关系的意义和目的，以及它的发展阶段和自然规律；如果他们能在婚姻的瑜伽训练中更加坚韧不拔、始终不渝地坚持信仰，其实大部分婚姻是能够维持并发展下去的。婚姻瑜伽能带来乐趣，能使婚姻变成富有冒险精神的奇遇，也可以改变你的感知。通过规律性的实践，你会发现，真实、成长、开放、勇气和给予，其实比获取更令人激动。

第2章

你的结婚动机正确吗

Liebe dich selbst und es ist egal, wen du heiratest

你一旦了解了
自己结婚的动机，
就更接近了一个
没有经过刻意修饰和
隐藏掩盖的真相。

可以说，最原始的不完整感是客观存在的。我们只能作为单一的个体降生到这个世界上，因此，我们在出生的那一刻就注定只能是“一半”，而不可能是完整的“一”。如果从这个角度来观察我们的生活，我们就总会觉得自己的生活还缺少了些什么。我们总是想试图抓住什么，来填充心灵的空白和弥补生活中的缺憾。

由于我们总是在社会环境和家庭氛围中接受各种暗示和教导，为了获得幸福，我们必须找到某个个体或某些东西，因此我们便经常处于一种焦虑状态中。

在那个正确的男人出现之前，我们注定是孤独的；而只有在遇到那个新的女人之后，男人才能获得爱和温柔。还有许多其他诸如此类的看法，这就意味着我们想要从伴侣关系中获得自己所缺的东西。于是我们各自开始行动，去寻找能使我们感到幸福并获得生命力的二人世界。而恰恰就是这一点，注定了我们将陷入困境。我们为了不再孤独或找到自己的幸福而去寻找感情，这就如同一个残疾人为了不再跌倒，疯狂地去寻找拐杖一样，结果显而易见。

我们由于错误的动机结了婚

任何一段感情，无论开始时是多么幸福、美满，迟早都会因为我们内在的期待、要求、紧张和恐惧走向毁灭。

就像一个单腿的人，为了能行走而去寻找另一个单腿的人。两个人凑到一起，便以为他们有了两条腿，可以像健全人那样行走。似乎所有的问题都得到了解决，在最开始的快乐时光里，他们甚至忘记了自己从前只有一条腿。他们相互扶持，用合在一起的两条腿朝着同一个方向奔跑。直到有一天，其中一个希望改变行走方向或速度，而另一个则坚持相反的意见，他们开始忘记自己原本只有一条腿。于是他们再也无法继续前行，开始步履蹒跚，最终只能摔倒在地。他们不假思索地将自己行走困难甚至摔倒的责任，以及所有的先天不足都推到对方头上。

每个人或多或少都曾在与另一个人相处的过程中，经历过这种情景，突然间我们感觉缺少了什么，温柔、依靠、安全、激情、关注……而之前那个伴侣则是罪魁祸首，因为是他将你所需要的一切都带走了。

如果你总是用单腿的状态进入一段感情，并因此觉得自己需要另一个人来帮助你，填补你缺失的另一半。这样的期待，恰恰为冲突乃至分离埋下了祸根。你的伴侣无法带给你你所期待的幸福。开始时，你也许还在奢望，新伴侣能为你的生活带来美妙的新气息。但随着时间的推移，当他不再向你表现出他的优良品质时，当他不再满足你，或者说，无法再满足你、让你感到充实时，你当初决定选择他的那些优点，恰恰会成为日后令你无法容忍而诅咒责难的特性。

在一个伴侣关系训练班中，一对夫妻面对面站在大家面前，他们四目相对的距离不超过半米。在此之前，丈夫觉得他们的婚姻陷入了极大的困境，而现在，他希望能与妻子言归于好。

在治疗过程中，他开始一步步接近自己的妻子，每一步都不轻松。在这个象征性的跨越过程中，他意识到自己在过去的日子里已与妻子远隔重山。现在，他在众目睽睽之下，脆弱而勇敢地站在她的面前。接下来很长一段时间里，训练班的主持人要求他注视他的妻子，真正地接近她，真正地看清楚，她究竟是什么样子。突然，他震惊地甚至有些惊慌失措地看着主持人，因为内心受到震撼说话有些结巴："我是因为错误的动机与她结了婚。"

主持人面带微笑地对他说："我们都是因错误动机而结婚。"

你究竟为什么跟这个人结婚

女人与男人结婚，是因为他功成名就、风度翩翩且身强力壮，能猎获猛兽、处理资产或床上技术娴熟；是因为他最终像自己的父亲一样，或与自己的父亲完全不同；是因为他是她孩子的父亲，或因为她的女朋友都对他崇拜得五体投地；是因为父母已将她许配给了他，或她能得到金钱或是护照。

男人与女人结婚，是因为他的所有哥们儿都觉得她魅力无限、令人倾倒，她的外貌无可挑剔，有着诱人的臀部和金色的头发；是因为她能激起他征服的欲望，或能把男人调理得舒舒服服；是因为她能像自己的母亲那样，甚至比母亲更擅长烹调；是因为他希望有一个家，需要有人来欣赏、赞美自己；是因为他需要性，或害怕孤独。

我们可能会出于以上任何一种动机结婚，但大部分时间，正是这些让我们下定决心踏入婚礼殿堂的理由，成了日后的灾难。

功成名就的男人可能会离去，也可能会失败；漂亮的女人也会出现皱纹。使人下定决心结婚的理由，往往如幻影般很快变化或消失无踪。希望由此变成了贪欲，什么都不能使我们满足。美丽会变得枯燥无聊，成功也没法给我们带来安宁与保障。我们需要更多成就、更多美丽、更多关注、更多支持、更多性生活。在欲望的驱动下，我们终有一天会感到内心的极度疲乏，认为自己身处的伴侣关系正让自己逐渐窒息。我们长期得不到满足的欲求，可能会很轻易被一个新伴侣所满足，因为他允诺，给予我们更多的满足，使我们更加充实。

由此可见，所有促使我们下定决心结婚的理由，都是草率仓促且摇摆易变的。

事实上，它们只不过真实地显示出我们内心的贪欲。因此，回到自我的本质，揭开伴侣关系的真相，成了最重要的一步。由此你可以理解，你究竟是为什么与这个人结婚。“当然，因为我爱他！”这将是大部分人的回答。但是你应该明白，“我爱你”三个字比世界上任何一句话，都可能包含更多的歧义和误解。这三个字表达出来的意思，几乎很少与我们所选择的这个人的完整性与真实性有关，而更多地与说话者自身的需求和愿望有关。

“我爱你”所掩盖的真相

当说出“我爱你”时，你是否有勇气认真思考一下它的真正意义。不管怎么说，这句话是以“我”作为开端的，这个“我”，起到的是过滤作用。将我们所经历过的一切：爱的经验、出生时的印记、未曾说出口的期待以及没能得到满足的渴望，都深埋在那句感人的“我爱你”之中。它所表达的，或许与那个被你选作伴侣的现实中的人，没有什么直接关系。

你所说的“我爱你”可能包含了以下种种意思：我爱你，因为大家都觉得你魅力非凡；因为你功成名就，生活富裕；因为你为了得到我而不断努力奋斗；因为你富有创造力和想象力，拥有我所期望拥有的一切；因为你和我如此相似。

在无意识层面，你所说的“我爱你”有着更多完全不同的含义：我爱你，因为你与那个伤害过我的人完全不同；因为和你在一起时的疏远感觉，与和我父亲在一起时如此相似；因为你看起来像我母亲那样无助，令人怜惜；因为我是如此贫穷，而你看上去却如此富有；因为我害怕孤独。

你一旦了解了自己结婚的动机，就更接近了一个没有经过刻意修饰和隐藏掩盖的真相。

也许你会感觉其中缺少了什么，那就是你的渴望和需要其他人来填补的心灵空洞。而另一个人的优势就应该正好是你所缺乏的，于是你的伴侣关系中的问题，就总是围绕着你的缺失。事实上，这些问题都植根于你那套扭曲错乱的程序，而这套程序早在你与他相遇之前，就已经在你的内心编写完成了。

冰山一角

我们整日都背负着或大或小的精神重负，其中大部分我们意识不到，但它们影响着我们的各种行为。

这很难理解和接受，在此我用一个小小的例子来说明：请你把双手的大拇指与食指的指尖相对，构成一个三角形，这被我称为“冰山的一角”。它形象地展示出你身上从外部能够被你认知，并且能被其他人看到的部分，也就是你的显意识中存在的部分。这就是陷入爱情和相信自己能碰到梦中情人的那部分，同时也是有一天让你对另一个人说出“我爱你”的那部分，是使你站在婚礼圣坛前说出“是”的那部分。

现在，请将你的手指组成的三角形抬至你额头的高度，想象一下，伸直的前臂正是你食指的延长部分。于是，整座冰山便呈现在你眼前。那小小的手指构成的三角，那能使你恋爱并找到更好伴侣的部分，它仅仅代表着你身上浮出水面能被人看到的那一小部分冰山。而你却面对这一部分说：这就是我。

事实上，你的真实存在，你完整的人格结构，是沉在水面下更大的部分。这里沉睡着被你的意识驱逐出去或从来不曾意识到的一切。所有你的家庭所不允许的，很久以前你就已知道是没有价值、不受欢迎的；所有曾令你痛苦，让你宁可将其压抑下去或干脆忘记的；所有你从没理解过、接受过并且以为从中得到解脱的，都被挤压到这里。所有的一切，凡是你无法信任的：那些旧有的模式，儿童时代的早期经验，所有的痛苦、伤害和恐惧，以及你至今还没利用到的潜能和还没有激发的爱情。一些难能可贵的品质，从前很自然地属于你，而现在，因为没有空间被挤压到水面之下，转变成了不为人知的恶劣部分。沉睡至今的活力和兴趣、被禁止的欲望和本能将会在此转化为攻击、羞耻、贪欲和仇恨。最终我们会因此而谴责自己，因为我们已忘却，它们在转化之前原本是一些优秀的个性特征。

我们所拥有的这些自然属性，如同被关在笼子里的猫科动物，它们原本风度翩翩、充满力量且动作灵活，活跃在大自然中，与整个环境和谐相处。而人类剥夺了属于它们的自然环境和自由，把它们塞进笼子里，把它们看成难以捉摸、具有攻击性的危险动物。同样，所有我们今天认为危险的、我们的意识不再愿意感知的一切；所有在我们的价值体系、教育体系和社会环境中没有空间的；所有我们从前被看作一个“坏孩子”时不予重视的渴望；所有我们今天认为不适当、该遭到谴责的，经过种种挤压，都被我们封闭在了冰山中。

冰山模式当然也适用于你的伴侣。

当两座露出水面，更准确地说是浮出意识表面的冰山一角，怀着对对方应有的敬意和内在的渴望，漂洋过海彼此接近时，当彼此喃喃轻语“我爱你”时，水面之下的冰山却发生着完全不同的变化。在那里，从各种诸如“我爱你”“我爱你，如果你按照我的意愿去做”“我爱你，如果你完全像我的父亲那样”等想法中，可能会对伴侣关系产生好的影响。但更多的时候，当水面上的那部分正在计划着美好生活时，水面下的部分却可能因为早已被遗忘的旧伤口而发生矛盾冲突，那些被封印的魔鬼则可能不断地从打开的瓶子里冒出来。

那些被一直封印在瓶中的魔鬼，事实上就像是被遗忘的、可怜无助的孤儿，它们有自己的行为逻辑。它们几乎都是我们儿童时代的产物，因此其作用方式和行为模式也如孩子一般。当你在水面上呼唤你的伴侣，希望更深地去爱他时，这个受伤的孩子，却蜷缩在水面下的某个角落里，担心遭到遗弃的命运；在我们渴望给予并深爱对方时，我们的潜意识里，则埋伏着各种具有破坏力的阴谋：消极、分离、恐惧和误解。

每个人心中都有个长不大的孩子

我们怎么会如此分裂？我们的行为又为何如此疯狂？从出生那一刻起，我们“只能”作为单一的个体来到这个世界，这让我们一直都在为了让自己变得完整而努力。但这种本能的深层愿望，在孩子身上的表现则与成人完全不同。当我们还是孩子时，我们从来也不会去想，要去寻找正确的另一半以及进行自我确认。作为儿童的生活经验几乎完全是被动的：我们只是一个具备接受能力的有机体，除了接纳和吸收周围环境给予我们的一切，几乎没有其他想法。我们贪婪地吮吸着营养、温暖和爱怜，同样也吸收了干扰、错乱、虐待和拒绝。

一个孩子的成长，正是在这种对一切不加选择、全盘接受的状态中进行的：只要得到足够的营养、照料和关爱，我们就能够成长。而在整个过程中，哪里缺乏成长所必需的条件，哪里的成长就会停滞。随着时间的推移，每个个体会形成完全不同的性格特征和人格。这就意味着，个体在性格形成的过程中所受到的挫折、伤害、虐待或忽视，以及营养不良等都将在其性格上打下鲜明的烙印。如果我们在婴幼儿时期，一些基本的成长条件无法得到满足，那么今天就会在我们身上相应地体现出来，我们就会如同一个饥饿、焦虑、容易受到惊吓的孩子一般，去面对世界并采取相应的行动；如果我们在青春期受到伤害和虐待，或受到创伤性的打击，我们内心就会有一部分停止发育，并在日后处理各种关系时采取消极的方式。早期的负面经历持续的时间越长久，创伤程度越严重，在我们性格中留下的烙印就越明显，今天所起的作用就越强烈。

如果你很难理解这一切是如何在一个人身上起作用的，那你可以想象一下一个大家庭的状态：每次，当这个大家庭受到打击和伤害，或出现供给不足的情况时，就会有一部分家庭成员由于得不到充足的供给和照料而停止成长，或为了另谋生路从整体中分裂出去。而这个当年被迫离家出走的孩子在成年后，也会组成一个自己的大家庭，其成员也包括婴幼儿、儿童、青春期的少男少女等。对这个成年人来说，表面上看起来，他在生活中遇到了一些障碍，而事实上，这恰恰是他内心那个没有长大的孩子在以自己的方式，要求满足从前不曾被满足的愿望。这个孩子更渴望找到能养育自己的父母，而不愿意成为能和另一个人共同生活的充满力量的健康伴侣。他在寻找接纳没有界限的爱，但他缺乏一个清晰的“我”的概念，无法以成年人独立的方式来与另一个人相处。

我们希望自己能够理性地思维，独立自主地做出抉择并展开行动，但我们内心的这个孩子却在自动地起着作用：他停留在以前那个被冻结的情境里，以此为出发点来观察当前的世界，并将过去因遭到打击、成长停滞而产生的负面感觉统统带到了新的状态中来，也带来了与我们相处的这个人。这就意味着这个内在的孩子不问青红皂白，不管背景情况，毫无意识也没理性地便将儿童时代形成的旧有模式带入到我们新的生活状态中来，并一再地重复使用。比如说，如果一个孩子小时候经常挨打，成年后，在没经过理性思考的前提下，也会一再去寻找会殴打他的伴侣；同样，酗酒者的儿女日后也常常会与酗酒的人结婚。那座充满过去故事的冰山，不仅会在我们的婚姻出现问题时发挥作用，它对我们的影响早在形成时，就已固定下来。

蛰居在我们体内的这个孩子会在任何可能的情况下，以令人意想不到的方式冒出来。有时，其他人比我们自己更能清楚地感觉到他的存在。在女性身上，我常常会看到这样的现象：当她们与男人的距离越来越近时，便无法再认真对待其男性权威。即便这个人担任着重要职务，拥有特别的专业知识和高级职权。“也许他是中国的皇帝，但当他坐在我身边时，看起来就像个小男孩。”这些女性感觉到，在那些公开的个性特征之外，还有一些完全不同、有时也许是非常孩子气的特征表现出来。这些特征也许从外部还不能完全被感知，因为它们能被权威性的表现很好地掩盖起来，但在逐步增加的个人接触中，却会被不断地、越来越清楚地感知到。

恋爱时，这个大家庭中未成熟的那部分人格也会直接插手我们的情感生活，其程序会准时地自动启动。虽然我们强烈地渴望与一个理想伴侣共同建立和谐关系，但我们仍会把过去的痛苦经验带入到今天的关系中，在无意识中去寻找被认为是理想伴侣的另一半。但被我们看作理想伴侣的这些人，身上恰恰有着与我们的伤口相对应的伤口，他们也有着与我们相似的冰山。如同正中靶心一般，水面下的冰山所蕴含的缺陷，恰好与我们的缺陷彼此冲撞，使得我们双方伤痛不已，以至于水面上那热恋中的两个小小三角，也被猛然间搅扰，在恐惧绝望中丧失了安全感，不得不拉开彼此间的距离。

由水面上、下两部分的分裂所造成的迷惘困惑，正是造成伴侣最终分离的关键性原因。我就不止一次地接触到这样的咨询者，他们明确地对我说："我要跟这个人分手，因为我对他已不再感兴趣，他对我来说已没有任何意义。"

人们总是因为心灰意冷、无奈绝望而分离："我已经尽力了，但一切努力都无济于事，情况并没有任何改变，我再也不能这么忍耐下去了。"

我不断体会到，人们的内心分裂，矛盾重重，感觉自己似乎被外界以某种力量强行封锁、隔绝开来。有些人一边愤怒地指责伴侣的错误行为，同时又对自己感到无能为力，因为他们觉得没什么能让自己接近伴侣。所有的人，无一例外，不论你的伴侣关系目前处于什么状况，你都会寻找爱的可能性。在伴侣双方一同来咨询的情况下，愤怒和怨怼、外遇和分离总是与绝望的情绪紧密联系在一起，与双方渴望接近和解脱的愿望密切相关。当他们有意识地去接近对方时，他们常常会感到十分困惑，对自己矛盾的心理感觉和分裂的行为感到非常陌生。

成长的烦恼

卡特琳娜就是在这种矛盾状态下来寻求帮助的。对女人味儿、激情和情欲的追求令她疲惫不堪，也让她再也无法忍受自己的丈夫。她告诉我，她不想再让丈夫碰她，无法再与他过性生活，并把他看成一个废物。但当这个被她如此拒绝的丈夫晚上没按时回家时，她却非常紧张。她害怕他再也不回来，这样自己就不得不一个人在家过周末。于是她又不得不常常请求他回来，并想方设法把他留下来。

当她的丈夫真的留在家里时，她又无法忍受与他如此靠近。她的丈夫让她感到紧张，于是她又开始与他争吵，吹毛求疵地向他抱怨唠叨。当卡特琳娜向我叙述这一切时，我能感觉到她十分迷惘困惑。她显然被自己吓坏了。她最终决定来找我咨询，是因为她想挽救自己的婚姻。她说，不管怎样，她还是爱她丈夫的。更让她矛盾的是，她对自己如此冷漠地拒绝甚至厌恶他感到羞愧。她在内心的混乱中竭力挣扎，觉得自己就快要发疯了。

卡特琳娜的情况，只是我在咨询实践中遇到的无数事例中的一个而已。在这类人的身上，我能够清楚地看到人们内心深处的分裂。

卡特琳娜与丈夫的关系在发展过程中受到了干扰，这与她童年时所受到的挫折有直接的关系。从婴幼儿到儿童，从儿童到少年，从青少年到成年人，不管在成长的哪一阶段，如果家庭中的成长发育缺乏安全保障和充足供给，我们的情感和精神就会留下空缺，这就如同一个疤痕印在我们的人格中。伤害与不足、缺乏来自父母的足够认可与保护，都会使我们的精神发育停滞。我们日后在与伴侣的接触中，这部分未能发展成熟的人格，就会在潜意识中要求得到满足。我们身上成熟的那部分人格，就能按照成年人的方式去对待伴侣，同时，早期受到伤害制约而未能成熟的孩子部分，则可能显示出困窘、恐惧、退缩的面貌。我们由此对自己的伴侣关系感到困惑与绝望。

就在卡特琳娜意识到自己因渴望性爱而憔悴的同时，蛰居在她身上的那个孩子，强烈地渴望着与父亲亲热。卡特琳娜回忆起自己的童年时代，表现出极大的内心分裂：时间被分为“此前”和“此后”两个部分。“此前”她还是个幼小的孩子，那时她和父亲一起无拘无束地玩耍、闲聊。当卡特琳娜叙述与父亲在游戏中发生身体接触时，她的脸上焕发着光彩。“此后”，10 岁左右，这种联系出乎意料地突然中断了。父亲一言不发地从她身边走开。“我想不起来，从那以后，我什么时候还曾坐在过他的腿上，或者与他有过温暖的交流。”卡特琳娜回忆说。有着相似童年经验的人，不止卡特琳娜一个。

我们父母这一代人中，有很多父亲，在意识到自己的小女儿突然长成了大姑娘时，会由于她们身体的变化，而对父女关系感到没有把握。羞耻心和拘谨出其不意地占据了父女之间的空间。“我究竟应该跟她保持什么样的距离？在我内心激起的究竟是什么感受？”所有这一切都是在无意识中发生的，但当事者内心却能敏感地感觉到这些变化。许多父亲与女儿不知如何处理这种关系，便会感到痛苦，并开始慢慢分离。对于不少女孩来说，成长为女人的发育过程，在此刻变成了突如其来的割裂。

于是，一个程序在无意识中写进了她们的精神，它的内容是：“我没有吸引人的魅力，男人都不想要我，我必须对身体接触的欲望感到羞愧，我发育的身体只会使男人陷入困境……”在这些女孩身体继续发育的同时，她们人格里的一个重要部分却停滞不前了。

这种情况不是卡特琳娜一个人碰到的，也不仅仅是这个女人与这个男人的问题，而是许多人的问题。把他们两个浮出水面的三角形放到前面来，你可以看到，在意识的表层之下，隐藏着许多小卡特琳娜被隐藏的猜疑和抱怨。

浮在水面之上的冰山一角中，作为妻子的个体表示：“我爱我的丈夫。”而隐藏在水面之下的冰山整体中，却掀起了阵阵骚乱：在那里，一个充满活力的年轻女人，渴望着激情与性爱，并为此日渐憔悴，同时她又对她的男人（父亲）感到厌恶；在那里，一个青春期的少女，渴望吸引众人的注意，却又不允许男人（父亲）触碰她的身体；在那里，一个正在成长的女孩，渴望得到温柔的呵护，她能感受到身体的甚至是性的吸引力，但同时也感觉到男人（父亲）抵制这种需求的严格禁律，尽管这一切都不曾用语言表达出来；在那里，蛰居着这样一个小小的孩子，充满渴望地期待得到保护，同时内心又怀着极大的恐惧，生怕男人（父亲）晚上不再回家，让她一个人度过周末和假期；在那里，一个好女儿在父母面前感到羞愧，因为她没能像一个妻子应该做的那样，善待自己的丈夫，相反她一再冷漠地拒绝他；在那里，女人身上的母性将男人视为一个无用的废物、失败者，因为他不能满足孩子那些没说出来的愿望；在那里，已长成大人的卡特琳娜觉得自己很疯狂，哪怕她仅仅放松一下自己，去感受一下在她身上发生的一切，都已使她无法承受。

如果以上的这个例子已让你在阅读时感到困惑，那么想象一下日常生活中的情况该是多么混乱无序。

当两个人逐渐走近，坐在一起时，他们无法了解，在他们之间有多少不同的力量正在交锋，如同战场上的各支部队。通常情况下，人们会倾向于选择在经过数次如此交锋之后，达到战力平衡的状态，双方都撤退到一定的界线后。人们认为，如果不想马上分手，那么最好还是保持表面的联系，而非建立固定的关系，放弃再次向前推进的可能，以免整个队伍，甚至连退伍的老兵都不得不返回部队，彻底投入战斗，而我们自身则在痛苦的骚乱中陷入深渊。

请对另一半尽量坦诚

即便我们尽量简化自己，尽可能地使我们的身心从两个人的较量中抽离出去，并尽量友好地交流，相似的过程依然会出现。当两个人相遇并彼此较量时，他们显然不会只对对方说出的话有反应，他们首先会感受到彼此间涌动的暗流，并采取行动。这种本能的机械程序，与我们自幼成长的家庭有根深蒂固的关系。在那样的环境中，充满了特有的情绪化氛围，而这种氛围则是由涌动在父亲、母亲以及其他家庭成员之间的各类暗流所决定的，它对我们的影响之大，远远超出了父母口头的指令和说教：在这里，道德得到维护，生活和学习的目的被确认。然而现实与父母传达给我们的信息，则往往完全对不上号，这就产生了矛盾心理和不安全感。现实中的虚伪、虐待和争执，作为孩子的我们不得不完全接受，尽管我们经常因此困惑迷惘。

诚然，这种情形对大部分成年人来说，都已经见怪不怪了。他们不会对其他人说出心里真正的想法，而是将自己的感受和意见隐去，使自己的人际关系看上去一团和气。但实际上对人与人的沟通来说，这并不能起到真正的交流作用。人际间的交往是一个能量交换的过程，重要的是一个信息如何表达出来，通过何种方式在人与人之间传递。我们对自己的伴侣说 ：“我今天做了这件事，还有那件事……”实际上，我们下意识里所要表达的是 ：“你真该为我骄傲……该赞美我……不过无论如何你也不会那样做……你原本应该那样做的……”一般来说，在一个主要信息之下，往往隐藏着许多自动存在并活跃着的潜台词。有时我们能意识到这些亚信息，也许还能了解到自己的逻辑思维，但绝大部分时间，我们完全处于无意识状态，对自己真实的想法一无所知。

不幸的是，伴侣间的沟通往往也是如此。那些我们自己意识不到的信息，却能被对方接收并看成是一种反应、要求或责难。比如，当他听你说你今天做了什么事时，他会感觉你的言下之意是在指责他，于是他觉得受到了责怪，便摆出拉开距离的姿态，从你的身边走开。他自己大部分的反应也是下意识的，他无法解释，你不过是在跟他拉家常而已，为什么他会有如此大的反应。他甚至也意识不到，自己已经拉开了彼此之间的距离，远离了你。他只是觉得，他其实是想看到你，并听你说话的，但眼前的情形却完全不是他所希望的。

曾经有一件小事困扰了我和我丈夫很多年，很显然，这件小事也反映出了那时我们之间关系的真实状况 ：每当他走进家门时，都会拥抱我。

因此，每当他就要回来时，我都会为此而兴奋。可是，每次当他拥我入怀，我又觉得很不舒服。刚开始拥抱之后我会觉得有点儿遗憾，心里不禁会想："可惜……"直到有一天，我终于爆发，猛地从他的怀中挣脱出来，并冲他大声吼叫："你就不能好好地拥抱我一次吗？"

他呆呆地看着我，完全是一副丈二和尚摸不着头脑的样子："我现在不是正把你抱在怀里吗？"

没错，他此刻正拥抱着我，但同时在我们之间却没有真正的沟通和交流。

我们之间爆发了极大的冲突，肆无忌惮地指责对方，当面数落对方的不是。

在这次争吵中，我们都得到了宣泄，之后我们便拉开距离平静地看待我们的关系，并尝试重新接近对方。我们认识到，我渴望得到的是力量、保护和一些更强大的东西，我希望拥抱我的是一双强壮的男人的手臂。而每次我丈夫的拥抱都像泄了气的皮球，完全失去了男性的力量。

他比我高一点儿，每次拥抱我时，他都会很自然地把头低下来，把自己缩小到成了他倒在我的怀里。我们两个在这每天都会进行的拥抱仪式中都不想给予，但同时，都希望从对方那里得到支持和保护。随着每次相遇时的努力和期待，我们内心的挫败感和距离感都在增长，我们之间日渐产生了一个中空的旋涡，而内心的需求却在不断增强。当时，温情在我们的婚姻中不是作为力量存在，仅仅是一种必不可少的需要而已。

当时，我们嘲笑彼此把头低下来钻到对方怀里寻求安慰的举动。在经历了无数次痛苦的挣扎之后，今天我们可以笑看那段时光。

我丈夫想在我面前变得越来越小、越来越柔弱，就像小孩子依偎在母亲怀里撒娇一般；而我则希望自己终有一天能无所顾忌地躺下来，就像靠在父亲宽阔厚实的胸前一样。柔情对任何一种关系都是必不可少的润滑剂和灵丹妙药。只有当两个成年的伴侣彼此真正地接近和了解，柔情才会像丰沛的泉水一样在两人之间汩汩流淌。

不断有人尤其是女人对我说，她们的婚姻在几年之后，变成了一片荒漠，她们日渐麻木，感觉彼此越来越陌生。

我自己对这种现象也有深刻的认识。

很久以前，我们刚认识不久时，经常在家门口或电梯中狂吻对方，直到两人纠缠在一起摔倒在地为止，而此后我觉得那种缺乏实际内容的空洞拥抱，就像虚假包装一样毫无意义。正是如此，随着时间的推移，“我爱你”也成了人们越来越机械地重复的空泛口号，日渐娴熟却丧失了一切力量。有一天，我突然意识到，我们的语言已变得空洞乏味。这使我不断回想起我们相遇后的第一个月里的一个场景：那还是在我们的婚姻进入枯水期之前，我们坐在汽车里，互相诉说着爱的衷肠。我们相拥而泣，因为我们必须分开一个星期。

随着婚姻生活的发展，一切都变成了另一个样子。在我们每一句依然真挚衷心的“我爱你”中，都深藏着一段往日的故事，它们呼唤着支持和帮助；每一句“我爱你”中都包含着深切的期待，渴望得到更多的爱；我们用每一句“我爱你”要求自己，超越情感赤字，并不断强化爱的能力。

美好生活等着你

可能你也喜欢看大团圆结局的好莱坞大片，也许当你翻阅这本书时，期待能通过卫星定位系统，来寻找通向真实自我和伟大爱情的唯一渠道。也许你觉得我清醒得可怕，一点儿都不浪漫，竟能像病理学家面对没有生命的组织结构一样，将一句“我爱你”剖析得丝丝入扣。也许你现在感觉灰心丧气，因为你已了解到，在你意识层面上恋爱着的小小自我之下，还隐藏着一座充满挣扎与恐惧的巨大冰山，你不得不背负着这沉重的负担去生活。也许你正在想：这个女人真没劲，总是倒人胃口。

到此刻为止，本书一直围绕着早期伤害造成的痛苦，和与之相纠缠的复杂关系展开论述。那么人是否该没完没了地分析自己儿童时期的经验？难道这一切都是我们那恶劣的父母的过错？也可能你正在问自己，既然一切都只是为了自我满足，为了索取，而搅起的却总是无数旧有的恐惧，并且这些潜意识中的恐惧因为一直被压抑着，因而具有极大的破坏力，那么我们为什么还要让自己身处某种确定的关系之中呢？

这本书的目的并不是将你推入到绝望地混战着的人群里去，也不是要除去往日那大大小小的伤口所留下的疤痕，更无意促使你不断细致入微地去分析处理自己的童年经历。完全相反，我希望在后面的章节里向你展示，就在今天，从现在开始，就在此地，你的眼前，在生命之中，一切都在等待着你，你为了自我康复以及调整关系所需的一切都在这里。但更重要的是，我们必须知道，在我们自己和伴侣身上，在每一个人身上，都存在着被压抑的伤痛和一些被抑制的人格组成部分，它们在我们目前的生活中仍然起着重要作用。了解这一切，对我们是否能更好地生活下去至关重要。

我不想在此动员你去做长年的心理分析，我只想让你意识到，你可以从另一个全新的角度去看待你的存在，以及你与另一个人的关系。在每个人身上都遗留着过去未曾消解的老故事，它们仍然在影响着我们今天的生活，将我们原本生机勃勃的人生，包裹上一层令人无法看透的坚硬铠甲。正是这层铠甲阻碍了我们的幸福，而不是我们的伴侣。

我再次重申这一点，因为这关系到如何实现我们意识层面的一场革命性的彻底转变，如何将新的思维逐步通过精雕细刻来改变旧有的根深蒂固的惯性思维模式：我们周围的人只能作为外因而起作用——他们越接近我们，所起的作用就越具体细致——因此他们也就成了我们在通向平复心灵创伤道路上的忠实仆人。他们为我们提供帮助，使我们有机会能一遍又一遍地改写我们旧有的程序，并使我们能不断地反复回味、体验内心深处的愿望，使我们内心的伤痛得到抚慰和医治。

第3章

伴侣只是你人生剧本中的一个角色

Liebe dich selbst und es ist egal, wen du heiratest

我们必须用
全部的身心
去倾听、
调整自己，
放弃外部的喧嚣，
回归自我。

一段感情能否顺利发展，就在于两个成年人能否平衡作为伴侣的内在冲突。因此每一段感情应该起到的作用，是让生活在一起的伴侣，发现彼此的优势并了解对方。所以当你的伴侣能准确地触碰到你的痛处时，你应该感到高兴才对。你该感谢上帝，给了你一个这样的伴侣，因为在通向完美伴侣生活的道路上，绝对有必要去关注我们内在遭受过伤害、会起到破坏性作用，以及会限制我们今天行为空间的那些部分。也许你仍然不太愿意接受这种观点，但是如果你希望能更好地建立和改善自己的伴侣关系，那么你必须尽可能地去了解水面之下那部分冰山中所隐藏的内容。在此期间你似乎是在自讨苦吃、自寻烦恼，但如果你了解了这项工作的意义，你就能体会到这样做的好处——因为我们生活中每一段消极、痛苦以及毁灭性的经历，都包含着能促进我们自身成长、推动我们的伴侣关系发展的力量，能够起到建设性的充满活力的作用，这些潜在的力量都在等待着我们去发掘。

为了能使这一切顺利进行，你必须首先认真对待自己的恐惧、消极情绪和内心的痛苦。这并不意味着，你应该一头扎入抑郁的荒芜深渊之中。也就是说，你不要把注意力都集中在日常生活的琐事中，而应该更多地关注自己内心由于对方的行为而产生的变化。如果你随着时间的推移而逐渐学会以这样的方式来观察自己，那么你就首先帮助自己提高了真实面对自我的勇气。每一个沿着这条路前行的人都会惊喜地发现，自己的内心发生了某种变化。有时，人们也可能因这样的变化而受到惊吓。我们会看到自己身上存在着或多或少大大小小的抱怨、羞耻和防御心理，它们妨碍着我们对爱情和幸福的追求。一旦你开始去探究自我，根据自己的感知结果做出判断，那么你自身就开始起变化——不知不觉中你会变得更温柔，情感变得更丰富。

在日常生活中不断沿着这条道路进行实践的过程中，你会逐步改变自己的看法。那些在一开始被你看作爱情杀手和关系蛀虫的各种因素，其实却起到了为你扫清障碍的作用，使你能顺利踏上通往真爱的道路。在我们背负的冰山里，存在的并非都是诡计多端的妖魔鬼怪，事实上是帮助我们走出深渊的良师益友。冰山是我们的百宝箱，里面装载着我们完整的生活，我们的每一次呼吸、每一种感受、每一个思想，都完整地保留在冰山之中。冰山就是我们的存在和自身。我们的爱情和内心关注的焦点，也都与冰山有直接的联系。我们应该与它一起投身于我们所渴望的充满激情的爱情故事，它也应该成为我们情感生活的一部分。

相爱是为了不必去爱

冰山是最绝妙、最精致、最完美的工具，凡是我们的理性和意识无法理解和把握的，都可以通过它来实现。我们认为，浮在水面之上的小小三角形，能够被我们自己和别人感知到的，那就是陷入爱情的自我。在这里我们做出决定，采取行动，彼此相爱。我们原本希望能够因为彼此相爱，选择共同生活，直到死亡将我们分开。然而实际上在这个小小三角形中发生的，却完全不是我们所设计和希望的那样：在这里，我们描绘蓝图，设计着我们的生活应该是什么样子；在这里，我们不断制订着回避冲突的策略，以便使我们能远离痛苦和贫乏。然而正因为这样，我们却与真爱和无数的可能性失之交臂。我们实在是聪明反被聪明误。

一旦事情变得令人不快，我们立刻就开始想方设法来弥补。如果有什么刺痛了我们，我们马上就会去寻找止痛药。当问题出现时，如果我们感觉自己不能像一直希望的那样，就会立刻逃避自我，躲入种种可能的依赖中，或者会寻找一个人，希望他能弥补我们的不足，相信这样就能改善自己的状态：可以变得更有成就、更聪明、更被外界认可、更美丽、更富有。但我们打死都不愿承认，就在这一刻，我们感觉自己孤独无助、丑陋贫乏、束手无策。

这种固定的程序在某些被看成是花花公子的独身者身上，比在伴侣间更容易被人感知到。他们中的许多人几乎还来不及感受一下爱的快乐，或等到一段浪漫故事结束，就迫不及待地开始寻找下一个目标了。我认识一个朋友，每次我跟他在饭店或酒吧见面时，他都在忙着搜寻，看哪个女人可以被他纳入瞄准器，然后想方设法与她搭讪，或在她离开时把自己的名片递到她手上。他随时都在处理自己的感情，不是忙着征服一个新的目标，就是陷入与当前伴侣的斗争中，或者正在哀悼一段刚刚结束的恋情。实际上，他正被自己和内心深处的孤独所拒绝。

伴侣们也有着自己的回避策略：由于害怕直接面对自己，他们在真正靠近彼此之前，在某一阶段感觉不得不拉开距离，相对无言。他们把个人日程安排得满满的，充满朋友聚会、郊游、社交活动和业余爱好等。我常常听到伴侣们向我描述，他们虽然在业余时间一起安排了很多娱乐活动，却对彼此完全没有了解。与此同时，我在咨询实践中也碰到过不少这样的伴侣，他们中的一个很长时间以来，就在亲密朋友的圈子里有个秘密情人，两人对于在桌子下面的隐秘接触，或者在过道上一起与自己毫不知情的丈夫或妻子碰面，感觉充满了刺激。

关系稳固的伴侣有自己的方式来对待来自外部的事件。他们能从伴侣生活中汲取强大的力量，并用于现实生活。但是在大部分情况下，如果我们坦率地翻阅自己的日历，就会发现，所有这些安排其实都是为了用忙碌来表达拒绝。我们的忙碌不仅使我们得以与其他人保持距离，同时也将自己的注意力从应该关注的地方转移开去：远离我们的恐惧和伤痛——但是，只有通过恐惧和伤痛，我们才能学会理解和爱。为此，我们必须用全部的身心去倾听自己的心声，并鼓起勇气去调整自己，放弃外部的喧嚣，回归自我。

为自己的梦想寻找关爱

我并不希望你开始进行深入的心理治疗。我们很少需要心理治疗，我们甚至不需要做什么或改变什么。只要对自己内心保持关注并充满期待地对我们自己进行细致坦诚的观察，切实捕捉并接受我们在某一瞬间的感觉，我们就能帮助自己走出迷雾。

当克利斯蒂娜来找我咨询时，她每天都忙得不可开交。她总是忙着帮助其他什么人，或者照顾家里的某个人。在我们的会面中，当我发自内心地询问她，究竟她自己过得怎么样时，她立刻抽泣起来。每一次，她都对自己的反应感到十分惊讶；每一次，哪怕只是在片刻之间，她感到自己才是自己生活的主角，就会十分感动。尽管她随后会开玩笑说，我真是拥有魔法，总是能令她动容落泪。其实非常简单，我只是提出了一个简单而真诚的问题，使她在这一刻找回了自我。

这个关于我们自己的简单而真诚的问题，其实已触及潜藏在水面之下的主体部分。我将在本书中分两部分来对这个简单然而绝对具有疗效的过程进行阐述，最终你会明白，所有你必须了解的关于你自己的知识，所有你内心需要得到调整的情绪和状态，所有的伤痛和恐惧，都会在你生活的关键时刻和关键地点冒出来。因此，你必须正视它们。

即便是一贯乐于助人的克利斯蒂娜，也应该换一种角度来关照自己的生活，哪怕只是突然停下脚步，用这样的问题来审视自己和日常生活："我究竟想要通过自己所做的这一切，向众人表现什么？"到处都存在需要帮助的人，生活中她总是被人需要，并以某种形式扮演着圣母的角色。这个简单而真诚的问题或许能使她回想起来，当她还是个小女孩的时候，就不得不在家庭中扮演这样的角色，不论在哪里，她总是不断地重复扮演着这个角色。也许她能意识到，一直以来她都在寻找扮演这个角色的机会，同时又感觉深受这个角色的控制和压抑，以至于她开始痛恨自己不得不生活在这样的状态之下。假如克利斯蒂娜最终能感知自己深层的需求，能使被长期压抑的泪水畅快流淌，并能运用新的意识，就能阻止自己重蹈覆辙。

我们越是始终如一地坚持坦诚面对自己的日常生活，就会越迅速清晰地认识到，其实我们的整个生活，就如一部按照同一剧本不断翻拍的电影。我在地球上不同的国度生活过，至少搬过20次家，更换过数次工作和伴侣，这一切似乎都是为了能让我虚心地去学习人生重要的一课：无论我在哪里，无论我与谁在一起，无论我做什么，我所获得的经验总是与我看待生活的方式有着直接的关系。我们所有人都在这个世界上拍摄着自己的电影，我们可以更换拍摄场地，重新选择演员——我们的伴侣和工作地点以及居住环境——但我们的情感状态和面对生活的态度不会改变。因为编剧和导演正是我们自己，而这一点我们往往早已忘记。

如果你对这一现象有了清醒的认识，那么你就会在日常生活中处处发现它的痕迹。

我有一个女朋友，无论与什么人初次见面，她都会悲观地猜想，对方大概不学无术，或不够高尚纯洁。平时她也会紧张地想，别人是不是在到处说她坏话，或者是不是知道太多关于她的事情。

有一次，我和她外出旅行，希望能够放松放松。但是刚刚走进旅馆房间，我们的感觉就完全不同：我站在阳台上享受着新鲜空气，欣赏外面的景色，而她却没完没了地琢磨，这个房间晚上会不会太吵，因为旅馆附近就是餐馆区。于是我们只好搬到了另外一家旅馆。晚一点儿的时候我们一起去洗桑拿。我觉得在寒冷的冬夜泡桑拿很舒服，而她却很快就出去了。后来她告诉我，她觉得桑拿室里似乎很不卫生。她还问我，有没有闻到身旁那位女士身上难闻的气味，是不是看到了对面那位先生不太雅观的脚丫子？所有这些我都没注意到。

我们看到的世界，并不是世界本身，只是自身对世界的认识。

在冰山内部，在我们内心的展示空间里，无休止地转动的依然是那卷充满悲伤故事的老胶片。但是我们已很长时间没有走进这间小影院，大部分人甚至早已忘记了它的存在。然而，这个小小的空洞确实存在，就像电影院里我们身后墙上那个放映室的小窗口。影片透过这扇小小的窗口，投射到冰山顶端那个小三角上，经过三维技术的处理，就变成了银幕上的巨大影像。我们的影院是如此完美，以至于我们根本就感觉不到，这仅仅是一部影片而已。影片的故事扣人心弦，使我们几乎忘记了嚼爆米花。

克利斯蒂娜就这样不断地以新的方式，有时甚至完全是无意识地，一再重复着自己童年时代的故事。她接连参加助人行动，一件接着一件。于是就像从前一样，总是有人——首先是她家中大大小小的男人们——需要她的帮助。每到晚上，她总是因整天的奔波忙碌感到筋疲力尽，以至于完全顾不上去想自己过得怎么样。她每天碰到的看起来都是紧急情况，男人们陷于孤立无援、急需帮助的困境中，似乎只有她才能帮助他们克服困难。当我问到她对那个放映室的小窗口有何感受时，她终于在一瞬间摆脱了影片的控制，为自己流下了眼泪。于是她在这一刻回到了真实的自我，感受到自己的故事，也了解到自己的贫乏与需求——她终于一步一步地理解了，自己为什么对丈夫怀有极大的愤怒。

就在银幕上的故事发展到紧要关头，就在看起来故事中的两个主人公在影片中无法拥抱彼此的时候，我们伴侣的身影就会出现在银幕上。在我们明了一切前，放映机就会将魔鬼的身影投射到他的身上。他也就在我们未经加工、没有结局的影片中扮演了一个主角。

这就是克利斯蒂娜的故事。很长时间以来，她已无法看清自己丈夫的真实面孔。只是有一天他突然闯进了银幕，从此开始扮演克利斯蒂娜那部老电影中的男主角。克利斯蒂娜抱怨说，丈夫什么都不管，也从来不关心她究竟需要什么。尽管她从第一眼看到他起，就一直觉得他是她所认识的男人中，最善解人意、体贴入微的一个。克利斯蒂娜还有一个弟弟，从小到大独自享受了母亲的关爱，获得了母亲的全部注意力。他处处显得比姐姐柔弱，于是便处处被母亲呵护宠爱。

姐姐在弟弟的阴影笼罩下，越来越因缺乏关爱和照料而变得饥渴难耐。然而她所有希望能吸引注意力的尝试，都是枉费心机。她唯一能引起母亲关注并得到赞赏的，就是像母亲一样，也对比自己弱小的弟弟百般呵护。长此以往，从她还是一个小女孩开始，就接受了成年女性至今都难以突破的桎梏：女人如果想得到关爱，就得帮助男人。而男人只有变得软弱无力，女人才能帮助他们。

你也许无法接受，一个人会如此缺乏理智，完全复制童年时代的经历；你也许认为，一个健康的人绝对不会受此类幻觉的困扰；你也许觉得，总是与愿意将我们的老游戏重演一次的人相遇，本身几乎就是个奇迹。这种僵化的程序或许是难以理喻的，或许如同幻觉在起作用，但它确实决定着我们每一天的各种感觉。我们每个人都跟克利斯蒂娜完全一样，按照这个僵化的模式来确定我们的生活：无论谁在我们的生活中出现，都会不知不觉地马上成为一个固有的角色，由此进入我们内在出于惯性一直在放映的老电影中。

在克利斯蒂娜的事例中，首先是她的丈夫和儿子推进了整个故事的发展，同时起作用的，还有她生活中的其他男人们。为了得到无意识中所期待的关爱和支持，克利斯蒂娜对所有人都悉数给予母亲般的照料。人的本性都是选择轻松舒适的道路行走，于是大家都乐于舒服地接受她的照顾。克利斯蒂娜在家庭中所处的地位，如同护士、帮工和看护。在她的身旁总有人需要帮助，总有人无法完成任务，她不是去关照依赖她的人，就是成为众人的庇护所。于是长此以往，她的儿子养成了一种过于自爱的习惯，而她的丈夫则变得越来越软弱。

于是，男人们变得越来越像从小得到母亲偏爱的弟弟，他们使成年的克利斯蒂娜越来越被物化，陷入了麻木、愤怒和拒绝的状态。他们恰恰就是克利斯蒂娜厌恶的那类人，但他们也正是在与克利斯蒂娜的互动中变成了这样的人。如果她能放弃无条件地去关照这两个男人，就不会无意间使他们变得越来越软弱，那么全家就能成长并保持发展的状态。在我们的咨询过程中，有一天她终于认识到，自己在婚后的家庭中完全重复着当年母亲对她的拒绝，重复着作为女人得不到关爱和不被接受的生活。

自以为是，强加于人

在克利斯蒂娜的故事中，我们可以看到，一连串与过去生活相关的纠葛，能够同时投射到眼前的伴侣关系中。从围绕在她周围的人们身上，她首先发现的是，他们亟待她的帮助，而对自己情感上的缺失及需求，她却从来不曾表达过。只有在特殊情况下，她的眼泪才体现出她内在的空虚、无助和脆弱。经典心理学称这样的一种机械模式为“投射”。

“投射”这个词来自拉丁语中的“proicere”，意思是“扔掉”。投射意味着我们将自己身上的某些特点，放置到另一个人身上，我们将自我的价值判断和自己的历史强加给其他人。

然后我们会说：其他人需要我们的帮助和关照，他们都是弱者。通过这样的方式，我们就将自己从来不曾得到满足的对关爱和帮助的需求，以及自己内心的脆弱投射到了他人身上。或者我们会说：其他人什么都不管，只关心自己，从不关心别人，总是当别人需要他时就不见了踪影。这样一来，我们就将自身缺乏的自我关照、无力安排自己生活的状态、在无助中的退缩以及分裂的生存状态纷纷投射到另一个人身上。

我们为什么会有如此疯狂的行为？我们怎能在毫无意识的情况下就采取行动？答案仍然是一样的：我们背负的冰山，正是通过这种方式来使过去的愿望得到满足。从前，我们作为儿童无力实现自己的期待，只能被迫接受现实中的一切，然后将它们自动地纳入了家庭系统。有时这些往日的经验使我们感到无比痛苦，于是便被压抑到了潜意识层面。

冰山准确细致地将所有这一切储存起来，随后不断以我们最能接受的方式，在对我们来说最佳的时刻，一再送回到我们的生活中来，并为我们改造利用。如果我们还不能接受自身的真实状况，不能应对面临的问题，就需要将自己的伤痛投射到另一个人身上。我们通常会把与自身伤痛相对应的责难投向对方，将过失推给对方。现在一旦我们理解了这种将自己的伤痛“强加”给别人的行为，我们就能用全新的、研究性的心态和感同身受的心情，来对待那个一直被我们责难、拒绝、敬畏并批判的人。如果我们能开始从臆想中对方的拒绝里观察自己，就能再次看到我们以前看不到的自我——治疗正是由此开始。

冰山故事放映室

一旦你能接受这一事实，那么整个机械程序便有可能逆转。冰山中的老电影再不必从水面之下向上面的小三角投射。

从某种意义上来说，你与伴侣的关系就像一台水下摄像机，反映出你们在什么问题上会产生摩擦，在哪里会彼此纠缠而跌倒，你们各自一直在寻求什么——在上面，在外面，与你的伴侣在一起——摄像机会向你们讲述深藏在水面之下冰山山体中的故事。随着时间的推移，你会对与伴侣的共同生活感到欣慰，你们终于可以一同浮出水面，并被对方重视。

和伴侣的关系，如同一面悬挂在你鼻尖前的镜子，它总是能反射出伴侣关系和你内心中还没被发现的那个部分。我们对自己伴侣关系的反应，折射出来的是我们内在的精神世界。我们最亲密的伴侣，与关系最密切的敌人一样，能折射出我们本能的核心部分。如果我们自己内心没有爱，就没有人能爱我们；如果我们自己不伤害自己，就没有人能伤害我们。

冰山山体内存在着一个部分，在那里其他人因为我们的存在而尽情享受着生活，我们只有找出这个部分并对其进行分析探索，才能打破我们心中海市蜃楼般的幻象。如果能像对待其他人一样诚实地面对自己，我们就能深切地感受到，我们能获得生活所必需的一切。我们将生活的重心转移到在两个人的相处过程中整合我们人格的各个部分，由此我们将变得更加富有同情心、更灵活、更乐观，我们将不断地拓展自己的理解力，焕发出生命的力量和对生活的影响力。

生命笼罩在阴影之下

贫乏、伤痛以及缺憾，都属于晚间连续剧中赚人眼泪的主题。但在冰山放映室里，等待我们的却是平时被深藏起来的夜间影片——那些以真正可怕的罪犯作为主人公的惊险片。你是否能想起，在你身边有没有人是你完全讨厌的，你总是在批判他，甚至痛恨他？或者有些人原本离你很近，却将你推到了身后，百般侮辱你或利用你？这些人就是你生活中的阴影，他们反映出你内心完全分裂的那部分——自我拒绝和自我仇恨的一种表现形式。它向你显示出你对自己的批判、责难和负罪感。

当别人伤害我们时，我们该怎么办？面对那些我们十分痛恨的人，我们该怎么办？当伴侣几乎很少与我们在一起，当他有了外遇，当他恶劣地对待孩子，当他经常实施冷暴力时，我们该怎么办？当上司让我们当众出丑，利用我们的好心，剥夺我们的权利，甚至让其他人替代我们，我们该怎么办？或者当我们与一个冷酷无情、态度强硬的对手对簿公堂时，我们该怎么办？在这样的情况下，我们内心的愤怒、伤痛、愧疚、恐惧，都会一触即发。而我们掩藏起来的，却是内心深处的自我仇恨与外界的冲突，往往折射出内在的毁灭性的心理状态。

笼罩在阴影之下的外在环境，需要我们以更大的勇气，更真实地去面对。如果我们肯正视现实，我们就能越来越清楚地判定阴影的性质：笼罩我们的阴影，正是我们所不愿成为的、不愿接受的那类人。有时候在阴影笼罩下感觉特别麻木或特别清醒时，我们能觉察到自己内心充满妒意和猜忌，或者觉得自己所缺乏的，恰恰正是阴影所代表的人物拥有的。当然这样的情形并不多见，通常情况下我们会对之采取断然拒绝的态度，并陷入极端两极分化的状态中：构成笼罩我们的阴影的那类人，不是拥有极大的权力、成就、自由和影响力，就是极富同情心、待人关怀备至、有着正确而神圣的目的。如果笼罩我们的阴影属于其中一种人，我们就会在感情上更接近另一种人。

每个人生命中都有一片笼罩在头上的阴影，如同命中的克星。我们越是觉得自己是他人的附庸，我们的生活中就越容易出现对手和敌人，而我们就越是不得不与那些令人憎恨厌恶的人打交道：女权主义者与大男子主义者，黑人与白人，反对和支持利用核能的人，严厉的父母与叛逆的儿女，离婚的人和昔日的伴侣等。人们只有随着时间的推移而逐渐做好准备去进行沟通，才能使敌对双方之间的界限变得模糊直至消失。如果分裂和冲突进一步加剧，就会演变成权力斗争。观察一对夫妇离异的过程，我们经常可以看到这样的现象：两个人从前因为深爱而走到一起，并结了婚，最终却逐步走向离异的深渊，爆发一场充满仇怨的战争。

堕落天使

冰山的山体中究竟发生了什么，以至于我们对自己如此憎恨厌恶？甚至将这部分人格深深埋入意识的底层，不再与之联系？答案是，可能在很久以前，我们童年生活早期发生的一些事情，伤害了我们自己或其他人。但在我们的潜意识中，原本不相干的事被联系在一起。我在前面已解释过，作为儿童，我们还不能将自己与周围发生的事区分开来。或许我们正沉浸在一个快乐的游戏中，而我们的同胞兄弟或姐妹则恰恰在游戏中出了意外事故。

也许父母当时曾说过这样的话："要是你能好好照顾弟弟妹妹，事故就不会发生！"于是在儿童的心里，便很容易在游戏和事故间建立一个因果关系：如果我痛痛快快自由自在地去玩儿，别人就会发生事故。如此，想去自由玩耍的本能愿望，就被孩子当成"坏的"想法，而从意识中压抑下去。日后我们在类似的情景下就会变得责任心过重，过于谨小慎微，并把随意乐观、喜欢过逍遥自在生活的人看成是不负责任的人。

在家庭和社会环境中有些情况长期存在，会逐步形成一种氛围，对儿童的成长造成极大的负面影响：父母中的一个患上了慢性病，父母经常争吵直至离异，父母之间的力量对比相差悬殊，刻板僵化的规则，家庭中的权力之争，种族迫害，狭隘的宗教及道德标准等。在这样的环境中，一些非常普通的事情也会在儿童的成长过程中被定义为"恶的"或者"坏的"：裸体被看成是一种宗教或道德上的罪恶，身体的自由开放是不道德的；不同肤色或不同宗教的邻居孩子被当成死敌；大声喧哗使爸爸生病等。这些在孩子身上会如同现实的压力一样，产生强烈的抑制作用，迫使他们必须做出选择：不是选择爸爸就是选择妈妈；不是选择比自己弱小的，就是选择比自己强大的。而儿童出于天性，愿意为了爱所有的人付出一切代价。当他们在争吵、离异和父母一方偏爱的压力下，不得不做出选择时，他们自身就会产生分裂：父母中的一个仍然爱着另一个，尽管他或者她抛弃了这个家庭，或者正准备离开。于是孩子不得不面对冲着爸爸吼叫的妈妈，或殴打妈妈的爸爸，这一方便被看作“恶的”一方。

家庭中的过度控制和刻板规则也会强化阴影的构成。儿童试图在规定的范围内活动，举止行为符合规则，为人善良并乐于助人。但他无法分辨，什么是发自内心的真正的善良和助人为乐的品质。许多天性中的力量和愿望被人为地压制下去，并经过挤压进入了被禁止的“恶的”阴影范畴。如前所述，那些很久以前出现的良好品质、自然愿望，被挤压到冰山底层后，会被扭曲变形为贪欲、仇恨、报复、放纵或本能冲动，一旦遇到合适的时机，就会一再出现在我们日后的生活中。有时候甚至会使我们感觉自己存在于双重生活之中。

在我写这本书时，米歇尔·弗里德曼正红得发紫。他当时是主管部门的一位官员，在他身上高度的道德感和政治敏锐性得到了极好的统一。他本身是律师，也曾是德国犹太中心理事会的副理事长、德国基督教民主联盟的成员和传媒明星。作为富有批判精神的谈话节目主持人，他自觉代表着德国民族对犹太人的良知。

他骄傲地声称，自己作为电视节目主持人的个性特点，就是始终能保持敏锐的目光，铁面无私地面对一切。他身上的各种官职、头衔和公众的期待以及由他自己精心培育的公众形象，都对他提出了极高的要求：正义感、宗教感、道德感、挽救世界的能力和信任度。

当道德感以及责任意识被如此强化，尤其是直接面对公众时，生活就很容易失去平衡。外在的强烈要求将使人压力倍增，并在内心中形成难以改变的错误观点。因为随着时间的推移，所有被否定和禁止的自然需求，都会被强行压抑在人格内部。但被阻碍的这部分人格并不会自行消失，而是最终将以激烈的形式爆发。一个人如果具有特别强烈的道德感和责任意识，那么他必然会将所有在他看来道德上不够完美的人拒之门外，否则的话，他就会与自我形象发生矛盾。而恰恰是对他人的拒绝，阻碍了他个性的发展成熟，使他很容易陷入双重生活之中。

这个以教导者面目出现的公众人物，虽然看起来十分正派，常以维护真理者自居，事实上却是个瘾君子，他与妓女鬼混，跟黑社会有着千丝万缕的关系。一位负责此案的侦探介绍说，指控弗里德曼的材料“足够八卦杂志连载几个星期了”。根据本书的观点，这些材料正好构成了一座“阴影陈列室”。弗里德曼将自己塑造成一个完美的公众形象——正义的宗教审判官。他对外宣称，自己最重要的力量“来自诚实”，无意识中他不断迫使自己能与他所设立的过高的道德标准相适应。为了在现实生活中也能继续保持完美的道德感，就绝对不能给自然本能、人性的弱点和可能出现的错误留有一丝空间，从而也彻底失去了为自己和他人增加生命活力和同情心的可能。

在弗里德曼热衷于公开诘问众人的时候，他自己却由于被压抑过度的本能而遭遇失败。他内在的一切都在呼唤生命活力，呼唤自由，呼唤摆脱教条和公众的压力，但他的理性却要求他与外在角色相一致，与他为适应市场需要而确立的形象吻合，于是他内心的压力就只能被隐藏起来。而那个能够使他置身其中纵情享乐的双重世界，也是他同时必须不断否认的。

最终使他被公众钉上耻辱柱的那些批评与攻击，与他内在对自我的评判非常相似。他一直在监督并压抑着自己的生命活力、对肉体的渴望和扩展意识的需求。弗里德曼将自己的自然冲动迅速强化，并转化为公众心目中的理想形象：他为自己作为电视节目主持人与采访对象之间的密切关系辩解，宣称“身体的接近能加强信任度，保证谈话的张力”。

弗里德曼获得直接身体接触的渴望显然很强烈，但是他自然的身体本能无法简单地得到释放。他似乎极为排斥原始的不受监控的力量，因而不得不产生分裂，他最终只能靠毒品来支持自己。通过意识的开放作用，他的身体重新获得了活力，但这还绝不是自然而真实的表现，而是笼罩在毒品影响之下的变态表现：在放荡不羁的本能冲动下，深陷于黑社会的秘密接触中。

只要真正了解心灵的语言，就能从米歇尔·弗里德曼的例子里领悟到：只有真正改变内在的模式，才能在外部实现人们所渴望的转折。弗里德曼在无意识层面拥有强大的自然力量，同时严格的规章条文也深深地刻在他心中。他对自己的理性要求，只能与一个在公众面前尽善尽美但内在十分空虚的角色相适应。他应该明白，只有通过开启意识，他才能深入到自己的冰山中去。为了再次与在那里占统治地位的信条相适应，他的现实欲望只能以秘密的被禁止的形式来释放。顽固僵硬的角色和放荡不羁的本能冲动——两者都不能使一个人真诚地感知外部信息，只会让人感到空虚和愧疚。

米歇尔·弗里德曼作为一个男人、一个犹太人、法律专家和公众人物，摆在他面前通向生活转折点的道路肯定是极大的挑战。但是如果他能鼓起勇气踏上这条曲折的道路，以他最本原的面目出现，那他就有可能从眼前的危机中获得真实的力量和生命的活力。这场危机出现在社会的中心，而他在这个社会中一直是作为楷模存在的。弗里德曼也希望能做得正确，但他必须摆脱那个完美的角色。这是在许多社会名流和政治家身上都可以见到的一种现象。权力的增长与公众舆论的压力，不一定有助于个性人格的发展和真实性的展现，它很可能会损害人格的完整性与统一性。

谁要想在长期的生活中保持真实的个性特征，始终对自己的真面目不加粉饰，并用自己和自己的生活信念影响其他人，那么他就不得不逐步在无意识中进行整合。尤其是当身处具有重要社会作用的职位时，笼罩在他个性之上的那片阴影就更难以驱散，并会在现实中发挥极大的影响作用。

不要试图改变你的伴侣

两性关系中，斗争的焦点在于“改变”——我们总是希望改变伴侣。他们以自己的方式生活，常常使我们内心的愧疚感和往日的伤痛重新浮出水面，于是我们便试图改变他们，希望他们按照我们的方式去看待世界、为人处世或感受外部的刺激。对此，我们自己完全意识不到。在这一点上，我肯定能列举出我丈夫身上无数使我无法接受的性格特征和行为方式。这些问题曾让我坚信，我们非离婚不可，而今天，同样的问题却被我看作能促使我个性发展的推动力。

伴侣与我们不同的行为和思维方式，可以被看成是我们能得到的最有益的帮助，由此我们可以踏上一条光明的道路，使我们的婚姻重新充满活力和生机。

可以说，能够完成本书，是我的一个夙愿，而我今天之所以能实现这一夙愿，应该归功于我对丈夫身上原本使我厌恶的那些特征的接纳。

现在我们探讨的是要学会为了自己的存在，而不断从外界吸收营养。在我们的婚姻陷入最低谷时，我丈夫在家里的确就像是偶然出现的旅客，从来也不想了解我对他回避并拒绝与妻女共同生活的行为有何感受。而我也就像典型的家庭妇女一样只会抱怨唠叨。

他和我一样，都只是一半。

我所缺乏的正是他所拥有的，他缺乏的正是我拥有的。今天我可以利用他的原则性来实现对我们双方都有利的事情，而他在家里可以随心所欲地过无忧无虑的日子。由此我们的生活变得轻松愉快，生机勃勃。

对手促进我们成长

在家庭成员面前，我们最容易表现出内心的分裂，而这正是我们抚平心灵创伤和整合分裂的必要条件。在父母、兄弟姐妹、伴侣以及长大成人的子女面前，我们能充分体现出内心需要重新整合的部分。“但有些事是完全无法谅解的。与此相比，你丈夫那点儿故事和他的无所顾忌只不过是些无关紧要的小例子。”我听到如此的反对意见，“有些女人与丈夫最好的朋友私通，合谋欺骗自己的丈夫。有些男人一夜间抛弃了自己的老婆孩子；还有那些恶婆婆、坏妈妈、泼妇和打孩子的父亲，难道我们也要接受他们吗？”

我可以列举出无数这样的事例，但此刻我只想建议大家，不要为外界那些耸人听闻的怪诞人物和行为方式伤脑筋，那只会让我们忽视应关注的事情——我们的生活和伴侣关系。因此我希望你能认真仔细地注视那些你想摆脱的人、那些最容易让你愤怒的人、那些你最想拒绝的人。如果你有足够的勇气面对真实的情况，那就问问自己：这个人在他的生活中拥有什么我想要的东西？这个人能做什么，是我不能去做的？在什么方面他是自由的，而我是被限制的？如果你对自己确实是坦诚的，那么你会在答案中发现自己最大的愿望，同时，也是你以前曾拥有过的最大的能力。它可能是你曾经拥有过的，却被看成是恶劣的或对其他人有害的，或是你命中注定要经历的，也可能是在你成长的家庭中被禁止去发展的能力。

如果我们能诚实地考察一下笼罩着我们的阴影——那些与我们作对的人，我们就会在他们身上看到自己内心深处的缺失和我们在成长的家庭中缺乏的东西。不论是无忧无虑的轻松心态，还是勇气和斗争精神，以及能力和富裕；不论是贪玩儿好赌，偏好肉体享乐，与自然的紧密联系，还是自由精神。无论被看作哪种性格特征的化身，我们最终都会把这些特征纳入自身，在我们生活中占有一席之地。由此我们不仅会得到来自自己内部的力量，同时也会与出生成长的家庭达成和解。冰山总是要求我们不断拓展自己，如果我们有勇气沉入冰山的深层，那么我们就能在那里发现那些被误解为令人厌恶憎恨的恶劣品质的真相。由此找回失去的部分，开始继续成长，并将学到的东西给予我们成长的家庭。你无法想象，这将让人感到多么的自由。你也不知道，当你能与你的对手——这片曾经笼罩着你的阴影——和平共处时，你会感觉自己是多么的了不起。

用爱去融化冰山

如果我们致力于向冰山深处发掘，去认识它那永无止境的多样性和潜能，那么每一种人际关系，都能向我们提供无数发展和拓宽自我的可能。在此，我试图就内心的孩子、投影、镜子、阴影以及旧有的家庭模式做出概略的叙述。除此之外，我们的冰山内部还有其他心理机制正在运行，我们无法一一详述。完全细致了解冰山内部运行的情况，并不是我们的主要课题。或许本章中提及的回忆性故事给你一种感觉，你正面对着一部研究自我的生活巨著而无从下手；或许你觉得如果你沿着书中所描绘的道路走过去，就会不假思索地将你的童年时代看作一部戏剧作品，而把你的父母当成伤害孩子的罪人；或许你对过去的历史和与之相关的广泛复杂关系网络感到迷惘混乱；或许你无法看清过去，更无法追根溯源。

这些都没关系！

我讲述这些故事和事例的目的，就是鼓励你，再次以自己的真实面目在生活中出现。为此不需要勉为其难辛苦努力，只要你重新坦诚面对自己的心愿，就会知道每时每刻需要做的是什么。在本章中我首先希望能创造一种氛围，置身其中，能使你的意识有所改变。为此我向你解释了这些故事所包含的意味。因此，你不需要了解故事的细节，但你需要运用基本的理解力，去认识冰山内部的运行情况。否则，冰山会成为通向美好亲情和爱情途中的拦路虎。

如果我在本章中通过我的解释、论述和所举的事例，能够清楚地传递出唯一的信息，那我就心满意足了。这个信息就是：当你内心充满各种情绪，诸如被疏远、被扼杀、被封锁、孤独伤感、虚弱无助，甚至满腔仇恨时，你的伴侣也许完全不该对此负责。只需要一点儿小小的理性，不需要任何对心理学具体理论的理解，就已足够为你的伴侣关系注入新的生机。如果你能对此有些微的感受，就能为你的伴侣生活增添新的力量和希望。你会变得更加开放、更加善良。我不仅与那些求助于我的人一同分享这套程序，我自己也是沿着这条路重新回到我丈夫身边的，因此我直到今天仍然心怀感激。因为只有这样，我才能打开自己，去理解无意识层面的内在运行机制，那些阻碍发展的顽固病灶。所有这一切只有一个目的——治愈我们往日的伤口，使我们与外界建立联系，直到我们自身存在的冰山与另一座冰山相遇并彼此融合。如果我们在一生中，在我们的婚姻中，用理性与意识去照射冰山，用我们的爱去暖化冰山，那么它就会一层层融化，并最终融入海洋。这就是它的最终归宿。

第4章

相爱越真，失望越深

Liebe dich selbst und es ist egal, wen du heiratest

我们试图从伴侣那里
得到爱和关注，
这个愿望永远无法实现，
因为谁也不肯自觉自愿地给予。

如果说婚姻是我们发展个性、治愈创伤的最佳场所，如果把它视为促进人格成长的学校，那么我们就可以很好地理解，伴侣关系也能划分为不同的发展阶段，在每一阶段都会有不同的学习任务等待我们去完成。如果我们在某一阶段没能将越来越大的挑战和新的任务看作发展的必要条件，那么它们就会变成一种威胁。于是当爱的第一阵陶醉过后，或者我们的爱情似乎失去了力量之后，我们马上就会感觉自己是个毫无价值的失败者。我们期待着愉快的感觉，但与此相反，我们看到的却是眼前的一片空虚，或是深深陷入两性战争的泥潭。

在我看来，浪漫婚姻的开端恰恰就是所有往日伤痛和疤痕开始出现的地方，也就是应该扔掉面具、彼此坦诚相见的地方，是我们接受并给予，治愈彼此、共同康复的地方。但不容忽视的是，那里也可能是结局悄然开始的地方：我们意识到自己没能得到原来想要的，于是开始在沉默中咀嚼失望。我们渴望激情，可往日的惯性却又悄然潜伏在新的关系中。我们悲哀而沮丧地回忆着往昔的浪漫，却发现美好的日子已一去不复返。

两性关系总是处在发展变化的过程中，如同流动的河水，有时会出现暗流和旋涡。

我们觉得自己只是在原地打转，无法接近我们的伴侣；有时我们觉得水流越来越缓，最终陷入枯竭干涸的僵局，似乎只有离异才是唯一出路。但如果我们能确切地了解，此刻我们的关系正处在哪一个发展阶段，那么我们就能用全新的目光从容地面对自己的伴侣关系。即便在我们关系的河流中出现了激流旋涡，也不意味着事态不可控制。这可能只是随着婚姻进入新的发展阶段后，我们在治疗伤痛，以及在无意识中整合与接纳的过程里，对彼此的要求变得越来越高而已。每一阶段都有任务和可能，每一阶段都对我们提出了新挑战。如果我们理解并接受了这一切，那么我们就完成了这一阶段的成长任务。我们要做的就是给孩子换换尿布，努力工作。在此阶段对性失去兴趣也是正常的，愤怒、争吵，甚至彼此保持距离也是可以理解的。

如果我们能接受这种观念转变——哪怕最初只是伴侣中的一方，将开始出现的问题作为学习的任务来接受——我们就能作为一对伴侣继续前行，我们之间的情感就会得到深化。一个阶段的发展只能在另一个阶段的基础之上实现。因此只有当这一阶段的任务被我们理解并接受，继而得以实现，我们的关系才能继续发展，进入下一阶段。我从美国关系专家查克·斯佩桑诺博士那里学到了这一理论，最初它使我在自己的婚姻中变得轻松了许多，以后我无数次地向我的来访者介绍这个理论。在它的帮助下，人们能清醒地认识到伴侣关系发展过程的逻辑性。看起来没有出路的伴侣关系，第一次获得了转机。我们所经历的痛苦阶段，不再被看作通向离异的必经之路，相反，其中充满了成长和拓展的各种可能。

沉醉在虚幻的浪漫中

大部分伴侣关系开始于浪漫的热恋。我们自我感觉轻松快乐，对我们新的伴侣充满思念，两人间的关系越来越趋于稳定。我们逐渐相互适应，对对方的任何一个或大或小的姿态都满心欢喜，充满惊奇。我们相互写情书和情诗，赠送鲜花，在枕头和旅行箱中藏起小纸条。我们所做的一切，都是为了让另一方感到快乐、幸福。我们不会想到，跟这个人在一起会经历任何令人不愉快的事情。他看起来如此理想，以至于在他身旁，我们自己也变得同样完美。

长久以来，我们身上的每个细胞都渴望能重新变得完整，我们心灵的创伤期待着得到治疗；我们一直在寻找一个能使我们最终变得完整的人，而他也能彻底接受我们；我们期待着能从另一个人那里，得到对自身独特性的一个印证。当一切都还是全新的时候，我们对面前这个带来希望的人几乎根本不了解，我们会对所有的朋友描述：这次我们碰到了一个完全不一样的人，一个以完全不同的方式对待我们的人，一个看起来完全与众不同的人，一个有着不同想法和行为方式的人，一个有着特殊光彩的人。总之，一个以完全特别的方式爱着我们的人。

当我们满脑子充斥着对爱情的浪漫想象时，我们确切地相信，对方肯定能使我们重新变得完整合一。在这一初始阶段，我们对对方充满了信任感，相信他就是我们命中注定的另一半。我们因此全身心地投入感情。在这种信任中，我们感觉自己置身于浪漫的中心，处在似乎能触摸得到的完美幻想中。一个很有恋爱经验的女士曾告诉我，在你热恋期间，绝对不要签署任何合同，也不要做出有关职业发展和个人生活的任何选择。她的话证实了这一现象的普遍性，即每一个热恋中的人，都处在某种特殊的陶醉状态，从而与现实失去了真实的联系。

在感情中，总是同一个动机在推动着我们，那就是重新得到自身完整合一的愿望。每当我们在生活中的确感到幸福快乐时，就是我们觉得完整合一的时候。具有欺骗性的是，我们在热恋期间深信不疑，只有对方才负有使我们幸福的责任，而实际上从来都不是这样的。不管怎样，在这一阶段生活赠予了我们美妙且具有重要意义的内容——与另一个人的关系，它使我们与另一个和我们完全不同的个体走到了一起，使我们体会到，与被分离的孤独感相比，生活中还有更有价值的事。我们由此而抱有希望，期待完整合一的愿望能得到实现。

浪漫的热恋阶段看起来就像一段理想的完美关系，我们百折不挠地努力寻找那个陌生的另一半，他能带给我们一种拥有亲密关系的感觉。我们坚信，另一半是个美妙绝伦的人，能带给我们愉快轻松的感觉。但实际上在这一刻，我们对另一半还完全没有概念。很有可能的是，他只是在我们眼中变得如此完美，如此容光焕发。大部分令人振奋的感觉和想象，都不过是我们自身的一种折射。尽管如此，在爱情的这一阶段如果能真实地深化感情，做好准备，给予对方爱和支持，共同去治愈伤痛，并接纳真实的对方，那么我们在其中还将经历更多的美妙时光。

因此，我们应该尽情享受热恋的美好。我们需要从对热恋的美好回忆中获得使自己振作起来的力量，以便能度过后面艰难的阶段。当我们从陶醉状态中逐渐清醒，不得不面对并不令人愉快的现实时，我们会满怀悲哀和眷恋地回想起热恋的时光。当另一半露出了本来面目的时候，这些回忆就具有至关重要的意义。当我们被怀疑压倒，当我们扪心自问 ：“这真的就是我命中注定的伴侣吗？”

伴侣间的权力斗争

当感情发展到出现权力之争的地步，我们已经走过了较长的一段平静的路程 ：在热恋阶段，我们还陶醉在浪漫之中，满怀期待地希望新的伴侣能为我们带来幸福、快乐，并抚平我们内心的伤痛。而下一个阶段——清醒的时刻——则早已编入了关系发展阶段的程序中。与其他麻醉品的作用相似，热恋的麻痹作用也是如此：我们爱得越深、越强烈，陶醉的效果就消失得越迅速，于是下一次需要的剂量就越高，而最终则会更快更深地坠落。在伴侣关系中，这意味着两个人在经历了热恋的陶醉之后，直接坠入了权力斗争。

我们在热恋中的一切努力，都集中在一个目标上：更加接近我们的新伴侣。在这个过程中我们必然会更确切地了解他，同时也会进一步确认，这个人并不是完美无缺的。在这方面我碰到过的最极端的例子就是多丽丝的故事。

当多丽丝出现在我面前时，她看上去疲惫不堪，对婚姻感到极度失望。她哭泣着告诉我，丈夫曾是她心目中的白马王子，曾带给她前所未有的全新感受。随着叙述，她的声音逐渐变得僵硬冷漠起来，她接着讲述，她对他的爱戴和敬仰是如何失落的，同时他在她眼中变得越来越无聊。在生活中他也变得越来越不修边幅，每天不知道在忙些什么，她再也感觉不到一点儿激情，在床上她背对着他，不愿再理他。最近的她甚至开始与其他人调情，其实这些外遇都没有什么重要的意义，只是让她体会一下激情而已……但现在她想与丈夫分手，因为她碰到了魔法般的奇遇。说到这里，多丽丝整个人都变得容光焕发起来。

多丽丝拿出一摞书信和磁带给我看，这些都出自她在一家街头咖啡馆碰到的一个男人之手。当时他正准备回到家乡澳大利亚去，多丽丝就在他起程前的几个小时里认识了他。她与他一起度过了一个下午，他们谈啊，谈啊……她的心在这个下午又萌发了希望。他们之间并没有身体接触，但她却感觉他们在精神上是相通的。从这一天起，两人之间开始了跨越大洋的交往，无数的电子邮件、情诗、磁带和包裹，带着充满创意的爱的问候，漂洋过海，飞向对方。

她就是在这时来找我的，为了和她丈夫公平公正地离婚。但问题必须尽快解决，因为那个与她通信的男人几个月后就要回来了。她希望到时能让所有与此事有关的人都明白事情的真相，同时她要为新的关系建立一个坚实的基础。

多丽丝是一个成功的企业家，现在她完全被这个陌生人所征服了。她向我描述着，自己是如何被这个人所改变。她还从来没有经历过，能与一个人在如此多的方面沟通并接近。此刻她充满了激情与温柔，两个人精神上完全一致，在职业发展上也能彼此启发和鼓励。的确，她甚至在行走时又重新开始摆动臀部……

每当我试图促使多丽丝和她的丈夫澄清彼此间的问题时，都是白费力气。在有限的几次共同谈话中，多丽丝总是少言寡语，显得十分辛酸甚至怯生生的。而她独自一人前来时，则表现得判若两人，完全陶醉在对未来的憧憬中。除此之外，她只想目的明确地逐步解决离婚的问题。在某一个确定的日期前，她必须办完离婚手续。我们长话短说：这个确定的日子就在几个星期之后。经过了几个月的苦苦等待，多丽丝终于在现实中与她的梦中情人再次相会。她把这位情人从机场接了回来，共度了两天时光。然而，当她再次出现在我面前时，依然是满眼含泪。在她看来，出现在她面前的，根本就不是信中的那个男人。相反，这是一个小男人，吝啬小气、吹毛求疵、满身刻板僵化的习惯，而且十分敏感。她抽泣着对我说，他甚至看起来都与她记忆中的形象有所不同。这对她来说，简直是这辈子遭遇过的最大的失望。

我们越彼此接近，就越能够清醒地认识到对方的缺点，或者说对方的真实面目。从前使我们如同着魔一般被深深吸引的那些与众不同的特点，如今却成了导致我们分离的理由。我们无法接受他的行为方式和思维习惯。当我们走近他并有机会仔细观察时，我们才发现，那个曾给我们的生活带来快乐时光和轻松感觉的人，竟是如此不可信赖。他很晚才回家，让我们独守空房、久久等候，而就在我们等他时，他甚至会与其他人一同享受快乐而忘记了我们的存在。即使是那曾令我们销魂的激情场面，也很快变成了简单机械的程式化过场。礁石只有在激浪的冲刷之下，才能变得坚硬。

所有的一切，都不是我们所想象的那样，各种可能的期待，都没有实现。正是因为对方是我们自己选择的伴侣，伤害便尤为深重，疼痛也更为剧烈，缺陷则显得尤为明显。这个人不会与我们永世隔绝，相反，他会留下来，我们必须与他共同生活，并为内心深处产生更为遥远的疏远感而焦虑。我们绝对不会再像从前那样，向对方敞开心扉，而是会从此小心翼翼，设法保护自己，最终，我们会出于害怕再次受到伤害的恐惧，而逐步拉开与对方的距离。我们曾将对方视为生命的源泉，期待着从那里得到滋养，来充实自己的生活。而现在所有我们希望得到的，都显得如此虚无缥缈。

拉锯扯锯，两个人开始了因为各自想法不同而进行的战争：我们觉得对方身上缺乏的，恰恰也就是我们所需要的。每个人都会用自己的方式去斗争，但大多时候会出现这样的情况：当一个人在家里无所顾忌地将各种东西四处乱扔时，另一个人就会越来越细致规则地将房间收拾整洁；当一个人回家越来越晚时，另一个人则会越来越多地外出寻找希望；当一个人越来越多地要求就原则问题进行对话时，另一个人则越来越沉默寡言，不断回避退缩；当一个人对性的需求越来越强烈时，另一个人则越来越清心寡欲，无动于衷。

每个人都试图摆脱来自对方的压力和期待，而期望能与对方一起去满足自己的需要，并尽可能地保护自己内在的伤口和疤痕不再被触碰。同时也试图实现自己对婚姻、对生活以及对伴侣的理想设计，或者期待着能将对方拉入自己设计好的轨迹。通常情况下，两个人中谁都无法真正赢得这场战争，与此相反，只会使矛盾激化，使整个局势变得更加举步维艰。

当一个人总是牢骚满腹时，另一个人就会逃得更远。同样一个人，从当初那个完全独特的另一半，变成今天我们试图压制和摆脱的对象，其原因就在于，我们觉得他给予我们的，大部分都是伤痛，而不是我们所期待的关爱。有时置身权力斗争阶段，我们会变得连自己都认不出来。由于失望，我们指责爱人的时候远远多于指责敌人。从前我们曾向朋友说，这个人是多么的与众不同、完美无缺，现在我们则无助地挑剔着，指责他们变得无所顾忌、为所欲为，完全不考虑我们的感受。有时候，甚至我们自己都会感到震惊，针对伴侣，我们会无端地突然产生强烈的愤怒和反感。我们感到绝望和迷惘，从心底里感觉到对这个人的拒绝和反抗。在热恋时期我们还把他当作神一样来敬仰和崇拜，现在则感觉到被伴侣背叛。或者我们会自我谴责，当初自己为什么没有看清楚，怎么会被他迷惑？

越来越多的人在这一阶段分手，越来越多的人分手后会更迅速地找到下一个伴侣，但同样更快地在这一阶段无可奈何地再次分开。

“这又是一个错误！”人们感到灰心丧气，完全不明白伴侣关系从热恋到现实，直至进入权力斗争阶段，是一个有着内在规律的发展过程。他们无法接受其中月有阴晴圆缺的辩证关系。他们更不了解，恰恰在这个阶段，潜伏着种种治愈创伤和成长发展的机会，因为作为另一半的伴侣提供了可能性，使我们能超越自我的限制而成长起来。

荒原野狼与攀缘藤蔓

仅仅闯过权力斗争这一关是远远不够的，若没能真正地了解对方并好好利用这个机会去成长，便会迅速进入下一片荆棘丛生的灌木林：依赖与独立的斗争阶段。

已成为伴侣的双方都逐步接受了眼前的现实，一切都不再像开始时期待的那么理想。他们之间保持着一定的距离，各自占据了一定空间，开始适应彼此间充满矛盾的角色。每个人都以自己的方式，试图将伤害降到最低限度，来占据最安全的位置，以便休养生息，度过权力斗争阶段之后的相对平和期。在这一阶段，他们会尽量保持距离，力争在其他方面更有成就，尽可能得到外界的认可，吸引更多的关注与爱慕。大部分人会以追求独立自主来结束权力斗争。看起来，在经历了所有失望和伤害之后，似乎只有独立自主才能使我们在一定程度上重新恢复对自己生活的控制。在此基础上，我们确信，现在我们有权力要求伴侣按照我们的想法去为人处世了。否则的话，我们就干脆摆脱对方，自行其是。

当然，在这一阶段两个人会在更深层面上再次交锋，试图平衡伴侣双方内在的冲突。因此，两人之间的关系仍然是犬牙交错，你中有我，我中有你。直到其中一个首先感到有能力进入看来更安全的独立自主状态，那么，另一个则会相应被迫开始寻求依赖性的亲密关系。“我今天不想……我明天不能……我不知道……我得走了……”这样的表达代替了从前的抱怨：“你快回家吧……你就不能对我温柔一点儿……别老跟别人跳舞……你也该照看照看孩子了……”

热恋时期那种表面上的接近，此刻则变成了失望迷惘的感觉。作为伴侣的两个人，在权力斗争的混战中彼此纠缠，谁也无法成为最终的胜利者。从这时起，双方之间开始出现两极分化，一个人越是封闭自我，对对方的言语及感觉不做任何反应，那么另一个人就会越来越向对方倾斜，试图接近或控制他。这种角色分配是由双方相互影响而产生的，也可能在关系发展的过程中出现角色转换的现象。

乌伟就是一个典型的例子。经过不懈的追求，乌伟终于得到了格莎。结婚的第一年里，他老是吃妻子的醋，因为她所到之处总是被爱慕的眼光追逐包围着。后来格莎做了母亲，从此她觉得自己猛然被推入了不得不依赖丈夫的尴尬境地。现在是她开始越来越多地在焦虑中等待丈夫的归来。而等他回到家中时，她又会尖刻地指责他，责怪他只顾工作不顾家庭。这种情形一直持续到她重新开始工作，并在职业发展上取得了极大成功之后才有所改变。

从外部观察，似乎是两人中地位稍逊的一方，在独立与依赖的游戏中起主导作用。而那个看起来像荒原野狼一般无拘无束的独行侠，其实与攀缘植物般的依赖者一样，也处于对婚姻不满的状态中。一方的退缩使另一方无法再接近，而原因则是在潜意识作用下，试图回避更大的伤害，以便他能面对内心对拒绝的恐惧以及本能的需求。常见的情况是，孤独的荒原野狼往往会流露出渴望温情的真面目和敏感易损的气质。倒是满心幻想满腹牢骚的攀缘藤蔓常常有自己的小秘密。

大部分情况下，这种角色分配如同一个走不出来的怪圈，其中的一方摆出拒绝的姿态，不愿搬到一起居住，不肯结婚，不想一起度假，甚至不愿在一起过圣诞节。这一方不想在现实中承担任何责任，不愿在另一方面前表达自己的爱。如此，他便在潜意识作用下，将对丧失和拒绝的恐惧隐藏起来，同时也压抑了对要求得不到满足的恐惧。避免拒绝和丧失的最好办法，就是不再期待得到，于是他退缩到独立自主的位置上，表示自己什么东西都不需要。

这样的行为会使他的伴侣感到失望和不确定，并由此陷入困境而满腹牢骚。伴侣所感受到的伤害以及提出的要求，更是独立的一方所不愿经历的。荒诞的是，这些都会使他更强烈地回忆起自己的担心和恐惧，因而更加远离伴侣。对此，具有依赖性的一方自然就会更加不满、更加悲观，更觉得自己陷入了牢笼，并误以为自己在采取积极的行动来拯救婚姻。他实际上是将对方当成了堵漏的塞子，并希望能利用对方来不断满足自己的需要。即便看起来他在设法使双方靠近，努力去表达自己的感受，但在更深的层面，这种依赖性并不是发自内心的真正需求。从表面上看，他似乎是真的想面对现实，但内心却没有真正做好为对方付出的准备，他的行为也只是出于恐惧。

事实上，在这一阶段，两个人中的一个总是认为自己受到了伤害，另一个则竭力回避眼前的困境。因此婚恋关系中两个人的位置也很容易在一瞬间发生倒转：一辈子只想自由自在无拘无束生活的小伙子战胜了自我，突然向姑娘求起婚来，多愁善感的姑娘却一下子被吓着了，不禁对此产生了极大的怀疑。当攀缘藤蔓突然身价倍增时，荒原野狼就会由于被嫉妒之火烧灼而忙着发出求爱的信号。如果我们在过去的婚姻中感觉如陷牢笼，那么在下一次婚姻中仍会重蹈覆辙。所有这一切问题都与爱情无关，而与控制有关。

我们能在许多婚姻中看到这种强制性的两极分化现象。我们彼此越接近，就越能发现，每个人对世界的看法是多么不同。当一个人一直认为透过紫色眼镜看到的世界无比真实的时候，另一个人则相信，世界上所有的一切都被染成了蓝色。

我们都碰到过这种情况，两个人中的一个非常积极，非常理想化，对生活充满了好奇和幻想；而另一个则相对更加认真细致，对任何事情都要进行检验。两个人无休止地争论着，究竟什么是正确的，什么是错误的。而局外人能一目了然地看到，这两个人少了谁都不可能达到目标，因为他们各自拥有的不同能力，正是实现目标所必不可少的。当他们坚持自己的出发点时，在这一阶段无休止地进行原则问题的争论，只会使两个人都变得疲惫不堪、麻木不仁。

在这一阶段，伴侣间的合作十分必要。如果他们能学会重视对方的能力，就能更顺利地抵达目的地。在这里我之前讲过的规则同样适用：所有我们想要拒绝的，正是我们应该整合的。对方那些与因我们不同而遭到我们拒绝的特征、意图、世界观以及方式方法，都是我们所缺乏的，经过整合就能使我们的生活更加充实。如果你不想在家中久久等待另一个人，那么就走出去；如果你对太过接近感到忧虑，那么就说出你的感受。

装在套子里的人

当两极分化失去了作用时，当没有人能够成为最终的胜利者时，甚至连独立自主也不能拯救两人的关系，而只是令人更多地体味到孤独时，那么伴侣就会缓慢但持续地处于一片铅灰色的沉闷氛围。

不知从什么时候起，人们的脑海中会浮现出这样的想法，比如：“我们的婚姻只是为了孩子才维持着。因为时间……因为贷款……因为父母……”似乎两个人的关系只是因为外在的协议而存在，内部却早已成了一片空洞的废墟。经历了权力斗争和信任危机之后，经历了在独立与依赖之间持续的摇摆之后，两个人的全部生活似乎已变成了了无生趣的例行公事。任何其他人的婚姻，都比自己的强一百倍。无聊悄然潜入，共同生活变成了彼此束缚。我们百无聊赖按部就班地去做该做的事，内心却一片茫然，我们问自己："是不是一切就该这样？"表面上看起来，我们仍然是夫妻，但实际上，我们完全感觉不到彼此之间存在着自然的、充满力量的联系，只感觉到两人的关系早已日薄西山。我们知道，再这样发展下去，我们内在的自我就会枯萎而死。

罗尔夫结婚已很多年了，他是孩子的父亲，也是一名成功的企业家，同时还担任着许多重要的职务，平日需要经常外出。罗尔夫对自己的生活一直都有着明确的设计和规划，因此他现在功成名就。他的房子布置得富丽堂皇，妻子是善于辞令待客完美的女主人，并伴随他到各地出差，在各类高雅的舞会上风度翩翩地与他共舞。但谁也想不到，当他们独处时，两人几乎没有话说。他们睡在各自的卧室里，吃不同的饭菜。同时罗尔夫与他的一个女同事还有一个私生子，他们在一起嗑药、做爱、过得快活。

婚姻中深度的冰川时期，两个人都只是在尽职尽责地努力演好自己的角色。他们分别扮演着夫妻、父母、养家的男主人、待客的女主人、公开场合的伴侣等各种角色，但作为真实的个体，彼此之间已经没有了任何实质性的联系。你也许看过狂欢节游行的队伍，其中有一种用纸浆做成的大型人物，由藏在里面的真人扛着，穿行在狂欢的人群之中。在婚姻里，也会出现类似的现象：一个小小的真人藏在行走的巨大纸人中。

在婚姻发展的某一阶段，我们被伤害，感觉到创痛，但我们没有勇气向伴侣展示伤口。我们没有信心，能按照理想的方式，与他一起治愈创伤。经常有女士来找我咨询，她们曾有一次在前戏中获得过性高潮，此后却只能独自去寻找这种感觉，因为她们无法与伴侣谈论并分享这种感觉。在情人悲叹呻吟的面具之下，经过数年时间，剩下的只是孤独空虚，隐藏起来的愤怒和拒绝，则在不断增长。

有时我们出于报复拒绝给予，由此却使自己饥饿难耐；有时我们则为自己在某些方面未能使伴侣感到彼此接近而深怀愧疚感。这条规则在性生活方面作用尤为明显：在日常生活中两人之间缺乏对彼此心理上真实感受的交换，谁都不知道对方的实际感受如何。到了一定时候，两人中的一个会对性生活完全失去兴趣，因为他无法在行为与感觉之间找到有机的联系，他与伴侣之间精神上的疏远也使他感到愧疚，并无法理解自己的退却行为。

为了不再感到内在的空虚和僵化，当失去了与伴侣之间自然而成熟的关系之后，我们中的许多人便会去寻找一种象征性的替代关系。这种关系很不成熟且带有孩子气，如同母亲和幼童的关系。我们试图与另一个人融合在一起，而一切的亲昵举止都是表面的。与此同时，我们与伴侣之间的界限变得模糊不清，我们不再是两个能自主选择的人，当他有所行动时，我们也亦步亦趋。无意识间我们感觉到每一次这样的行动，都会使我们增加对伴侣的依赖性，但我们由此也将自己的恐惧隐藏在如此孩子气的情感之下，使我们永远不必展示真实的自我。真实的联系是自由的，建立在真正相互吸引的基础上。而此刻我们只是简单地希望能跟另一个人在一起，只要自己感觉与他人联系在一起就好。

这种表面上的融合会损害人格框架。如果与伴侣的真实关系受到干扰，我们便会表现出儿童式的友好，常常为了他人而牺牲自己，并越来越依赖于对方。如果这种关系根本就不存在了，那么我们就会转而扮演一个补偿性的角色，以便维持表面的关系。在儿童时代，我们都学会了以这样的方式来得到家庭的认可。我们那些本能的生命冲动无数次在来自家庭的要求下被压抑下去，这些要求有时是明确表达出来的，而更多时候则是无言的甚至微妙的，令人感到无形的压力，而我们则或多或少自愿地在压力下改变了自己。但每一次这样的改变，都会使我们原本具有的一部分生命活力凝固起来，冷冻起来，当我们日后成为忠实操劳的家庭主妇或负责供养家庭的男主人时，会感到内部的空虚，如同燃烧后的灰烬一般。

我们正确地去做我们该做的事情，为我们的家庭整日操劳。但我们如此做的理由却是错误的——我们只是机械地在做这些事情，与发自内心的本能毫无关系。完全相反，我们越是毫不动心地去做，就越能完美地扮演好自己的角色，越能与我们肩上所扛的纸人相配合，同时我们便将自己更深地封闭起来，使其他人无法触及我们的内心。我们没有为了改善关系而加强与对方的直接接触，而是按照我们对关系的设计牺牲了自己的愿望。

这样的行为听起来十分荒谬，但事实上，我们越是减少对角色的投入，就越能够完美地扮演它们。我们越来越难以真实地表现自己，因为内在似乎越来越缺乏值得展现的爱与渴望，因而也就越来越缺乏外界的认可，于是，我们就会更加严格地控制自己——越来越将自己置身幕后，对自己感到不满、生气、愤怒、失望。总有一天，我们会像定时炸弹一样，因为最轻微的震动而爆炸。而更多时候我们则会通过各种忙碌和“毒瘾”来拒绝感受自我，以便能将所有不良情绪压抑在内心里，直到我们彻底将它们遗忘为止。

为了维持婚姻，我们不得不按照各种规则来完成自己的角色。为此我们要求自己行为举止更加得体、更有风度，并不断为此而牺牲自己。我们将这些要求上升到社会标准——人何以为人。所有这些新的规则都只有一个目的：保护我们不再受到新的伤害，阻止他人打破我们目前控制的稳定的生活状态。但正是这些本该拯救我们的规则和角色，导致了我们的生活变得僵化空虚，令人不堪忍受。它们使我们无法再与任何人真正接触。

有些人只能用“人们”加虚拟语态的词句来说：“要是人们……，就必须……就应该……”

哈拉尔德就是这样一个人。他来找我咨询时，总是面带机械的微笑，不断用成套的恭维话问候我。他总是在谈论“人们”的问题。很长时间，我几乎无法让他用“我”来说一句话。同样我也无法在谈话中真正接近他。一旦我在某一瞬间打动了他的心，他马上就会用微笑来打断我，并随即转移话题。最终他妻子离开了他，并以令人极为难以置信的直接方式，强硬而怨愤地与他拉开了距离。她甚至拒绝与他一起来我这里，进行唯一的一次共同谈话。当我认识她时，她看起来伤痕累累，就好像她的心被玻璃片划得鲜血淋漓。

尽管我们的所作所为堪称模范，却从不肯发自内心地表达自己的愿望，同时拒绝聆听内心深处发出的真实声音，因为我们在那里感觉到的首先是愤怒、怨恨、无助、痛苦和愧疚。在这些不良情绪混合形成的迷雾之中，沉睡着我们心灵深处充满爱的内核。我们已失去了与它的联系，同时，我们与外部世界的联系也日渐僵化，只是以冷漠而机械的方式继续保持一切的运作，我们就此陷入了怪圈，周而复始，我们童年时代建立起来的生活模式不断在后来的生活中重复出现。当然这里又涉及内心本原的问题——治愈一切遗留下来的伤痛，而不是持续地以看似模范而实际上僵化死亡的行为来隐藏它的存在。在这个僵冷空虚的阶段，人们感觉婚姻已走到了尽头，但恰在此时，治愈的希望仍深藏在每一段伴侣关系的深处。

我们必须生病

如果我们自己不能意识到婚姻中的沉重氛围和僵化模式，并进行调整治疗，那么我们就将由此走向离异；如果我们直到今天仍不愿取下面具，那么我们面临的就可能是疾病甚至死亡。一旦所有表面的融合与自我牺牲式的善良友好、所有规则和角色，以及所有的权力斗争与信任危机，都不能引起彼此间的关注与支持，但我们内心的渴望仍然非常强烈，那么摆在我们无意识层面的出路就只剩下一条：我们必须生病。

如果一个人生病了，那还能指望他做什么呢？

关于身体与精神的关系，已经有很多优秀的著作对此进行了探讨。我们的身体是我们的“助手”。它是我们展示无意识中的思想和需求，以及我们真实面目的场所，也是我们认清自我内在分裂的地方，更是我们被自己的意愿、原则和理想压抑而寻求“毒品”来解脱的场所。在这里发生了许多我们不愿接受的事：我们希望能保持忠诚——而身体的每个细胞却都在充满激情地渴望着另一个人；我们想要保持苗条的身段——而身体却吃个不停；我们友善而得体地微笑着——双臂却交叉在胸前，如同一面自我保护的盾牌。

我们很早就已经认识到，身体和精神之间可以相互影响。当我们还是孩子时就已发现，如果生病了，就会得到更多的关照和爱护。于是，在意识的深层，我们便学会了利用生病的身体获得帮助，并借此来获得我们精神急需的一切。对于这样一种特定的关联，有一个专门的概念："疾病的附属作用"——我们有意识地寻找医生、药品和治疗，其在无意识层面的意义则在于，我们不希望自己健康、强壮、精力充沛，因为这样我们就无法保有因生病而得到的一切好处。

如此我们日后会一再将生病作为撒手锏，应用在争夺爱情的战场上。那些脆弱或伤心的伴侣，在婚姻早期就常常病倒。随着婚姻关系的不断僵化，他们会不断生病，以至于另一方不得不给予更多的关爱、照顾和注意。我相信，是婚姻生活中长年累月的孤独感与冷漠感，最终导致需要护理的严重疾病。我的一位女咨询者在经历了 20 年婚姻之后，越来越抑郁，以至于不得不经常服用精神病类药物，并定期住院治疗才能生活下去。在日常生活和现实层面上，她的丈夫负责安排一切——她生病越频繁，他们的关系就越完美。在婚姻的核心中，他早已丧失了给予她情感上关怀的能力，而他无法给予的，正是她所渴望的。由于妻子越来越频繁地患病，在患病的妻子得到较好照顾的前提下，他终于找到了一个情人，并在她以死相逼的情况下离了婚。而在她对关爱的乞求失去对象之后，她的疾病也不治自愈——离婚不到一年后，她竟然完全摆脱了疾病的困扰。

谈到疾病和爱情，还有一个现象值得注意，那就是逞强好胜。这样的伴侣，常常非常忙碌。他工作极为卖命，有时甚至超出自己的能力范围，往往沉迷于严重影响健康和发展的嗜好，对于疾病的征兆采取盲目的个人英雄主义式的态度，对其置之不理。如果人们对他没有立即表示欣赏和赞同，那么他就会绝望地哀求他人的关照和爱护。他并不知道，自己希望找到关心自己的人，这个人应该比他自己更爱护他。同时这样的愿望又是他决不肯承认的，在理性的层面他也决不会提出这样的要求。相反，一旦真有这样一个人出现在他的生活中，他又会态度坚决地拒绝所有善意的建议和帮助。我认识一些夫妻，尽管妻子已逐步走向成熟，却只能无能为力地看着她们的丈夫离自己越来越远，越来越辛苦地操劳，越来越多地抽烟喝酒，越来越不健康地饮食，对越来越明显的疾病征兆毫不在意，一如既往地过自己不健康的生活。

在每一段关系各自形成的体系里，无意识的机械程序如犬牙交错，相互作用。即便是在卧病或逞强之后，隐藏的仍是恐惧与自我拒绝，以及对认可的期待——有时这种期待甚至是隐秘的、令人难以觉察的。我们试图从伴侣那里得到爱和关注——当然这个愿望永远无法实现，因为在追求的道路上，两人之间总是在进行着交换，而谁也不肯自觉自愿地给予。而相互给予正是治愈往日创伤的前提条件。

一起面对成长中的挑战

所有这些有时伴随着极端痛苦和教训的必经阶段，实际上都是对伴侣双方的挑战。只有经受了这些考验，两个人才可能彼此进入对方的核心，实现完整合一的最终目的。

如果我们能共同面对在婚姻发展过程中出现的各种问题，那么我们就能始终保持共同成长。总有一天，会出现一种前所未有的感觉，一切从前无法实现的设想，会从容顺畅地变成现实。有时我们会对原有关系中出现的新事物感到惊讶，同时，在我们内心深处不断地出现平和的感觉，虽然平和，却绝非静止不动或无聊空虚。我们可以相互扶持，彼此爱护，共同重获勃勃生机。我们感觉自己被对方包容，处于安全的状态，不必再焦虑地寻找方向和动力。我们体验了如何真诚地与另一个人共同分享自己的生活和感受。这就使得我们内心的愿望不断成长，使我们继续开放自己。

从前，我总是喜欢与女性朋友们一同探讨婚姻话题。我们煲电话粥，聚在一起探讨彼此的感情生活，试图让其他人来分析自己丈夫的言行举止。没人能比我丈夫更了解我，更明白我的想法——尽管他对世界的看法与我的有着本质的不同，但我觉得没有人能像他那样与我紧密相连。当然这绝不意味着，我们不再争吵或者彼此不会误解。我们总是更快地利用争执来促进下一步的发展，而不是简单地敷衍了事。如此的争执和误解不再是我们婚姻中的问题，而成了我们至今为止共同的经历和共同解决问题的方式。

当真正的伴侣关系在婚姻中逐渐展开时，有时看起来我们好像又回到了相识之初，有时感觉比当初还要深刻。但即便是这一阶段，仍然有挑战在等待着我们：恰恰因为我们此刻前所未有地接近，彼此的了解也比任何时候都深入，那些时间尤为久远、埋藏得特别深的伤害与痛苦，最终都会浮出水面。那些直到今天仍被我们完全压抑下去的问题冒了出来，权力斗争的危险又隐隐出现在阳光灿烂的天空，而当这样的情形出现时，对我们来说便显得尤为荒谬。从前那种僵化的感觉再次出现，使双方感到难以忍受。我们在危险中奔走，失去了耐心，对往日这些似乎早已解决的问题为什么又浮出水面无法理解。

对往事我依然记忆犹新：在我和丈夫共同经历了许多事以后，我们平和地坐在汽车里，谈论着一些无关紧要的话题，但令人匪夷所思的是，大约在10分钟之内，我们的闲谈变成了一场战争。两人彼此针锋相对的感觉令气氛瞬间僵化，最终我们大放厥词，无所顾忌地指责对方，认为我们之间的一切都是没有意义的。

此言一出，我们俩都被惊呆了。两人都沉默地坐在那里，满心疑惑：我们之间怎么又会出现这样的情景？没错，在我们之间的确再次出现了这样的情形。不过，就在沉默的瞬间，我开始思考这次争吵背后的原因。我丈夫似乎也开始了自我反省。

不久，车内的气氛变得缓和起来，似乎骤然降临的寒霜，又逐步冰消雪化，大地回春。这次的经历令人难忘：我们无言地坐在一起，感觉到温暖渐渐充盈我们的内心，并荡漾在我们之间。突然间我们几乎是同时大笑起来。

只要还在一起，我们就要面对发展的挑战，面对带来治愈机会的更多可能性——首先我们必须面对反弹。我们彼此间的信任将会一再受到考验，就像我们每向对方迈出勇敢的一步，都将得到新的回馈一般。我很清楚走上这条共同成长之路的，不仅是作为伴侣的两个人，同时也包括双方的家庭，他们的生活将由此而变得更戏剧化，充满更多生机。

就在我写下这段话时，我丈夫正和4个孩子在厨房里准备晚餐，我能听到他们嬉笑打闹的声音。也许对有些人来说，这听起来有点儿可笑，但对我来说这就是一个奇迹。就在几年前，如此场景是绝不可能出现在我们婚姻中的。那时，我们的角色分派得十分清楚，我们都被限制在自己的角色中。如今我们两人对彼此都心怀感激，我丈夫感谢的是：他在家中不再像一个陌生人，而是最终扎根在我们中间与我们共同成长，同时他看到，他那活跃的艺术创造力如何在这里改变着一切，并使家庭气氛变得生机盎然；我很感激终于再次拥有了一个空间，使我能自如地向外发展，而不至于在荒芜的心灵沙漠中逐渐枯萎。我能发自内心地写出这本书，正是因为我丈夫已发自内心地为我们提供服务。

“服务”这个词听起来好像是过时的语言，对很多人来说，它似乎更意味着自我牺牲和自我放弃。不过，我倒认为，服务决定了一段充满活力不断成长的婚姻的质量。谁能发自内心地为对方服务，谁就能体会到给予的快乐——给予会使人自然而然地感到强大。

第5章

性与爱的迷局

Liebe dich selbst und es ist egal, wen du heiratest

性
一旦被
利用或当作
征服对方的武器，
就会变得空洞、
贪婪或者死去。

提到性生活，德国人的表述是“彼此间的性关系”，而英语国家的表述则是“做爱”。对我而言，性生活不仅仅是“性关系”，“做爱”也并不能真正表达出完整的意思。我认为更准确的表达应是“让爱流动”。对婚姻来说，性作为承载爱的河流，具有滋养及治疗的功效。在西方世界，性绝对属于被重点保护的秘密。当我们几乎被头脑中关于裸露及冲动的浪漫图像所淹没，进而在同一时间内彼此投入时，没有什么能像性这样，使两个身体之间完全自然地充满激情的电流。然而也没有什么比性更令人迷惑，更容易引起伤害和两性关系的不确定性。

在今天，关于性的一切都是可能的。这一事实带来的绝不是长久的激情和满足，相反，根据我的经验，人们由此得到的是愧疚感和折磨人的自我怀疑。人类的自然的性关系，完全被性行为技术所湮没。我们失去了与自身生命活力的联系，忘记了这股来自大自然的活力，如何轻松活跃地通过我们的身体来表达；也感觉不到生命是如何充满力量地流动，使爱在我们和伴侣间实现。我们的性关系所具有的来自上帝的神圣性被剥夺，从而被一种“一切都是可行的”期待所替代，越来越多的人迷失在这个深渊中。

人们的精神和心灵，被无数媒体不断喷涌制造的有关性的信息所淹没。在杂志上，人们常看到这样的大标题——《体位测试：哪种体位最适合你和他》《痛的快乐》《男人需要什么》。一旦与性有关，便能横扫各类媒体，一再刷新收视、收听及销售纪录。

成年人因这样的传媒压力感到窒息，更可怕的是它对青春期少男少女的影响。报纸上曾登载了关于一个年轻女孩的报道，她对自己的初吻感到失望。此前她认真研读了青少年报刊上关于接吻的 25 种姿势的介绍，最终导致了让她充满挫败感的结果：“我尝试着完全按照说明去做，却一点儿感觉也没有。”青少年到处都能了解并消费其他人的性关系，电视台不断播放色情短片，各类青少年畅销读物中充斥着性咨询和性技巧说明。青少年在还没有完全确定自己的性倾向，并对自己的身体和吸引力充满怀疑的时候，就已从电视上目睹了各种火辣的性高潮画面，这些如洪水般泛滥的画面，使青少年还未发育成熟的性心理承受着巨大的压力。

所有这些绝不是帮助青少年确定价值体系以及性观念的正确手段。一项针对 14 ~ 17 岁青少年的问卷调查显示，这个年龄段的青少年大约有 1/3 曾有过性经验。被极度渲染的“第一次”对近乎半数的女孩来说，所获得的感受不是“没什么特别的”，就是“不舒服”，或者她们完全被“内疚感”的阴影所遮蔽，体会不到快乐。德国联邦健康总局一次针对青少年性经验的调查概要显示，媒体大肆宣扬的画面对没有性经验的青少年影响巨大，以致大部分女孩在第一次性爱中，最紧迫的念头是自己是否“做得正确”。另一项调查显示，1/3 的青少年对自己在床上是否表现欠佳感到担忧。

性爱，看上去很美

根据在咨询实践中总结的经验，我确信，几乎所有人都没意识到，这种性快餐极大地危害了人们的身心。经常有人因为错误的认知前来咨询，他们认为自己已经无法体会到性爱的美好。他们自认为是性无能者，因为调查问卷显示，德国的伴侣每周至少有两次性生活，东柏林的人甚至一夜就有两次。

这类统计实际上导致了无数人的迷惘困惑。他们无法理解自身的身体需求，性爱能力上的局限以及情感上的扭捏局促，实际上，即便是严肃正规的学术机构所做的匿名调查，仍会有 1/3 的人因为恐惧而拒绝回答。诸如“你多长时间有一次性生活？”“你喜欢采用什么性爱技巧？”“你使用什么刺激方式？”这样的问题。美国科学家在一个科研项目中另辟蹊径，希望通过其他研究方式获得真实的结果。他们选择了 3500 名调查对象进行询问，对其中部分调查对象进行了多达 15 次的一再追问。结果显示：1/4 的男人以及 1/3 的女人表示，他们在过去的数年间根本没有性生活，另外的 1/4 表示只有过很少几次。

通过电视、网络、报刊，我们受到各种暗示，似乎感官享受、浪漫激情以及性爱是每个人都唾手可得的。因此一旦在自己生活的亲密关系中感觉不到如此的光彩、活力和内在需求时，我们就会在自己或对方面前扮演假想的角色，舍弃自己生活中真实的伴侣而服务于头脑中盘踞的那些媒体图像。我们会为此装扮、包装自己，或感觉自己做得不对，认为自己缺乏魅力。有一次，我的一位咨询者哭泣着对我说："我坐在这里，觉得自己像是个麻风病人……"她说她已很长时间完全没兴趣与丈夫过性生活了。当她与丈夫在床上时，她要么装作获得了高潮，要么通过各类色情表演自我满足。几乎每次都会在事后躲进卫生间，好让自己能独自哭泣并清洗。她的经历不是个别现象，许多女性都向我讲述过类似的遭遇。男人则相反，当他们对色情产品的消费或嫖妓行为被公开时，大部分人会感到羞耻和自我谴责。

不久前，我坐在汽车里等人。我的车刚好停在市中心一家色情影院门口，当时是午休时间。在我等待的时间里，出口处陆续出入一个又一个男人。独自一人躲在一个小房间里，或带着一包面巾纸坐在电影院的一张沙发椅中，究竟能有多少乐趣？根据在咨询中获得的经验，我能了解那些男人刚刚在电影院中都经历了什么，做了什么，他们摆脱了什么，又得到了什么。

所有这一切此刻都明显地写在他们的脸上。他们看起来如此不同，不同的年龄、种族、衣着和身材，但有一点却完全相同：他们目光空洞，低头缩肩地走出影院，快速地离开那里。他们表现得十分不安，似乎其他人都在注视着他们，但是首先他们是被自己的羞耻心追踪。当我的目光继续尾随着他们离去时，内心升起了一种感伤的情绪，不禁对他们产生了极大的同情。他们此后是否还有自信，认为自己能使一个女人快乐？

男人经常向我解释，他们为什么要去体验色情服务，为什么他们要把自己的一小部分财产耗费在妓院中，或当妻子早已睡去时，整夜在色情网页中度过。在他们意识中的某个阴暗角落里，潜伏着一种感觉："我是个没用的人，我无法让我的妻子快乐，我无法打开她，接触她……"但是在他们身体的某一处，同时也埋藏着极大的期待，希望自己能摆脱困扰，能给予他人，能与一个人建立真实的关系。

糟糕的性生活会终结你的婚姻

好莱坞影片、统计数字、广告宣传——男性和女性一样，身陷公众媒体追逐理想图像、理想伴侣、理想姿态以及理想频率的汪洋大海中，所承受的压力越来越大。最终他们被内在持续增长的需要所驱使，竭力要求自己必须尽善尽美。我认为工作上的压力，以及精神上和情感上的疲惫，是目前阻碍人们获得性爱快乐的最大问题。整个世界都在忙着揠苗助长式地提高性爱的频率，以至于人人都“必须”每周有两次性生活，而每月只有两次性生活则成为判断一段婚姻是否存在性缺陷的严肃标准。而恰恰就是这些要求、标准以及比较导致了性快感的丧失。与此相反，现在的性爱被完全技术化，或因承载过多的性幻想而不堪重负，因而完全失去了平衡。正如我在本书开端所断言的，70% 的婚姻完全不必以离异告终，同样，通过咨询者提供给我的充满羞耻、自责或由于成瘾问题而显得面目全非的表述，我相信，大约有 70% 的人在结婚数年后，长年没有性生活，或只是例行公事般草草了事，与两个人的心灵及感受毫无关系。

没人敢说：“我们性生活很少。”无数结婚多年的伴侣，感觉他们之间的性爱活动只是不断地重复而已，缺乏新意和创造性，更不可能出现魔法般的奇迹，性感内衣、色情录像、角色扮演，甚至交换伴侣……所有这些都不能长期地保持心灵的沟通。也许伴侣间仍然彼此相爱，但他们却不可能通过上述手段，以身体为媒介来确切地表达自己的爱。与此相反，这些手段只能使伴侣关系不可避免地逐渐枯萎变质，或导致两人间不断地发生口角和争执。或早或晚，这段婚姻都将以离异告终。

以我的经验来看，“性欲”是导致婚姻生活陷入僵局的最大问题。若两人走到了进退维谷的绝境，等待他们的就只有离异。分床而眠并不能解决实际问题。人们内心的焦虑迟早会再次出现，并迫使自己继续去寻找能将性与灵合二为一的可能性，使自己内心和身体的爱得到表达。这样的追寻原本出自人类的本能，在我们生活的每个角落，时时都可感到本能需求的踪迹。从长远的角度看，它的效力远超过任何伴侣关系初期的醺然陶醉，也不是色情狂欢和性幻想所能满足的。本能需求提醒我们：我们应该将一个真实的自己完全交给另一个人，并爱另一个人的本来面目。

性，原本很自然

我们大家对性的问题都感到十分迷惘困惑，以至于不断怀疑自己性生活的频率、性技能的高低以及我们伴侣的性能力。很少有人真正体会过真实的具有深层滋养功能的性爱，更少有人能认识到肉体之爱充满神奇的精神力量。

我们对于肉体之爱所知甚少，年轻人在徒劳地追寻真爱与融合，在他们因寻找而筋疲力尽之后，得到的只是技术性的说明与解释。我们今天越来越轻松、越来越早且越来越多地获得性经验，同时也同样程度地得到了无法言传的不安全感、恐惧感及羞耻感。许多年轻人不是将性欲看作自然的生命活力，相反，他们对自己的身体产生了反感，怀疑和猜忌不断在他们内心增长。所有这些在日后的伴侣生活中往往难以进行调整，如同一片阴云，滞留在我们体内。当我们每一次尝试接受或给予肉体之爱时，都会激活体内的这片阴云。大多时候我们自己并不了解这一点，只是感觉到性冷淡、阳痿或沉溺于不断追求新的爱情刺激而不能自拔。

下半身与心灵的统一

我自己的爱情生活曾使我在“超级享受”与“没有性趣”两个极端之间摇摆。你也许会感到惊讶，但你面对的伴侣确实一个比一个无味，不能令你满足。于是人们逐渐丧失了性趣，感到自己正在变得麻木枯竭，心也随之变得破碎不堪。在我们寻找肉体之爱与性趣的旅途中，不知何时我们对性与真爱的梦想已被占有、嫉妒、贪欲、猜忌和背叛所摧毁。我们只好步步为营地收回自己的身体感觉，压抑并封锁自己的性欲，甚至谴责它的存在。但即便我们压制自己的痛苦感觉，拒绝承认身体对爱的渴望，性仍然拥有它的权力和威力，它仍会在暗处与我们相遇，一旦我们将性趣驱逐出去，我们的伴侣便会越发渴望性爱。如果总是得不到，他们便会从别处寻找，如聚会、酒吧、网络、色情影院或妓院等。

如果我们控制性欲，不让自己陷入贪婪好色的阴云之中，那么就会导致我们生活中的某些部分变得乏味无趣，性欲在我们身上始终保持着它的权威。如果我们不能治愈伤口而只是遮掩伤痛，那么性欲就会像一名具有威慑力的地下游击队员一样，在我们意想不到的地方冒出来。为了不再陷入丧失性趣、狂妄自负以及自我谴责的死胡同，我们别无选择，只能设法将身体与早已破碎的心灵连接起来，将性与心灵统一起来，让我们体内的爱河自然流淌，水到渠成地回到我们自身的本原。

即便是那些从不厌倦的好色之徒也饱受着心灵破碎之苦。表面看来他们不断更换情人，总是试图摆脱感情的束缚，而其中大部分人恰恰是在绝望地寻找爱情。所有长期穿梭于不同床帏间的偷情者，与其说他们是性偶像，倒不如说他们是迷路的羔羊，试图利用下半身来寻找真爱，因此，他们和性冷淡的人一样，也会变得心灵破碎。只是他们心有不甘，他们还在挣扎，还在寻觅，还在索取。他们被驱使着，不知疲倦地追求着新的刺激、新的历险。

在我们把性当作毒品来消费的过程中，我们实际上是为了以此来治愈往日的创伤。我们寻找早已丧失的一种联系，能使我们与他人共同分享。有时我们想给予对方爱，但得到的却只是性；有时我们想将真心送给对方，却被占有欲控制而无法行动。这一切虽然都已成为过去，但留下的阴影仍然植根于我们内心深处，以至于我们四处寻找与他人的联系，却永远无法找到。即便找到了，也无法保有它，因为那往日的裂痕依然存在，并横亘在我们的下半身与心灵之间。

我相信，今天，几乎每段婚姻，都存在性与爱的迷局。当陷入婚姻危机的伴侣前来咨询时，他们关于性行为的描述通常分为两种类型，一类人表示：“我们已很长时间没有性生活了。”另一类则说：“我们之间的一切都完了，但在床上还行。”在第一种情况下，显然作为伴侣的两人之间的联系已中断。但根据我的经验，在第二种情况下，只要仔细观察，仍然能看到同样的问题。外遇和沉迷于各种色情癖好，不仅出现在迷乱冲动型的关系中，也经常出现在性冷淡型的关系中。

性是爱的载体

丽贝卡走进我的诊所时，看起来心慌意乱。她最近证实，她丈夫在很长一段时间里经常到妓院买春。“可我们的性生活一直都不错啊！”为什么她的丈夫要去找妓女？她无论如何也想不明白。在谈话过程中，我们逐渐理出了一些头绪。原来在他们的婚姻生活中，性成了最锋利的武器。当两人发生权力斗争时，性则成为引发战斗的导火索。丽贝卡利用自己的身体与丈夫周旋，当她感觉无法触及他时，就会用身体诱惑他。在各种聚会场合，他们很快就会分道扬镳，各自四处调情，通过众人的眼睛来测试自己在自由市场上的机会和价值。当然，这一切都是有一定界限的。

有一次，丽贝卡在谈话中十分开放地描述着自己与丈夫的性生活，涉及非常隐私的细节。而这些话使她突然领悟到什么，如同“按下了按钮”：“我仰面躺在床上，因为我丈夫极为用力地进入我的身体。疼痛使我身体里的一些东西突然醒来。我骤然间被从幻想的世界拉回到现实中来，同时意识到，我的身体完全不愿接受我们刚刚所做的一切。有那么一刻，我几乎就要哀号起来，但这种感觉稍纵即逝，于是我像着了魔似的继续与丈夫做了下去。”丽贝卡发现，在她的婚姻中几乎不存在真正的接近和了解。她很少能完全信任地向丈夫袒露心事、表达愿望，虽然两人共同生活了不短的时间，但她却很少能体会到两人之间的同一感。她首先认识到，其实从他们婚姻开始的头一天起，她就一直担心自己会失去丈夫。在他们相识之初，他还陷在与另一个女人的关系之中，随后才决定与丽贝卡一起生活。

从那以后，不安感一直折磨着丽贝卡。她从没感到他已完全选择了自己，她总是害怕有朝一日他会走开，投入另一个女人的怀抱。为此，她想方设法用刺激的方式来征服他。但她的心灵却从未在这段关系中得到过安宁，她也感觉不到自己确实被对方所爱。后来，丽贝卡的丈夫也参与了咨询谈话。他的日子过得并不比妻子强多少，他感觉自己极度渴望温暖。“我妻子总是对我提出各种要求，而我从没有做对的时候，她经常四处抱怨，满腹牢骚。说到底我们的婚姻很累人。”他一副心灰意冷的样子。虽然事实上他们性生活的次数越来越多，但他觉得自己已越来越空虚。

性一旦被利用或当作征服对方的武器，就会变得空洞、贪婪或者死去。有时候，它会被当作操纵手段来滥用，施加于我们原本爱着的人。我们利用自己的身体，来吸引或抓住他人。于是我们剥夺了身体最大的能量和性关系的治疗作用。今天，最经常与性联系在一起的感觉就是恐惧和迷茫。而性本应该是爱的载体，是一条通道，能使我们得以摆脱孤独与悲哀，能使我们真诚地给予对方，并与他人建立深刻的关系。性是我们从自然中获得能量的交流方式，它应该带给人快乐，它能在人与人之间架起沟通的桥梁。最重要的是，性是我们表达爱的方式。那么如何才能走出性与爱的迷局，建立健康而愉悦的性关系呢？

第6章

她变成了复仇女神，他变成了懦夫

Liebe dich selbst und es ist egal, wen du heiratest

男人必须明白，
你只需爱一个女人，
而不必去理解她。

我们渴望得到和谐与统一，但最终却不得不承认，男人确实来自火星，而女人则来自金星。两种性别的作用是完全不同的。其实，对婚姻关系来说，这并不是什么糟糕的事。恰恰相反，成熟的伴侣生活正需要来自两性的完全不同的能量。实际上，问题在于，有太多温柔的女性变成了复仇女神，而作为上帝宠儿的男性，却退化成了胆小无能的懦夫。于是，女人失去了女性特征，而男人也丧失了男子气概。

谁有勇气和耐心认真考察婚姻关系问题的实质，谁就会发现女性对男性的仇视和男性对女性的恐惧。两者原本都源自最原始神圣的性的本质力量，却在历史长河中演变成了扭曲的伤疤与硬趼。女性的生理结构决定了对男性的接纳，而男性则处于给予地位，充满生机提供生命之源泉。在咨询实践中，我的脑海里形成了一幅关于两性关系的画面，它能深刻地反映出两性的真实特征：

女性如同湖泊，男性如同注入湖泊的河流。湖水是否清澈，是否充满活力并保持健康，都首先取决于供给它水源的河流的状态。如果河流在流入湖泊的过程中遭到了污染，那么就会将它自身携带的毒素和废水不断地灌入湖泊中，而这一切又是它不能左右的。每一片湖泊都将与供给它水源的河流处于同样的状态中。

我很清楚，我所描绘的这幅画面，在现代社会中很可能招致强烈的抗议，会被主张两性平等及性解放的人指责为中世纪的反动观点。但我确信，它揭示的是真理！谁能在确定时间内全神贯注地投身于这幅画面，并深刻地认识它，谁就能发现其革命性、首创性的力量。当男性与女性重新回到他们各自的本原，便能获得这股力量。女性坚持试图改造男性，对他们挑剔抱怨，吹毛求疵，目的就是能像男人那样掌握统治权，以保证自己不再受到伤害，或如同画面所象征的，女性试图以此保护自己的湖泊不再受到河流的污染。尽管她们为此而筑起了堤坝，但她们自己却在堤坝后面变得越来越干涸。

“唉，男人啊……”这样的表述似乎是母亲般宽宏大度，将对男人的不满一笑了之，而实际上却表达了女性的怨恨情绪。几乎每个女人都会这么抱怨。对于女性来说，重要的是要相信自己爱的无限能力和如地震仪般准确的天然直觉力。我无数次看到，许多女性很早就感觉到自己的婚姻或生活出了问题，但只有极少数人能完全相信自己的直觉，并以最大的勇气和力量跟着直觉走。一个女性的身体带着错乱的感觉按照男性的方式行动；一个女性的心灵带着被束缚制约的感觉，对男性的策略以及打上男权烙印的社会系统做出反应，这种现象究竟有多普遍？究竟有多少女性能真正信任自己的身体和心灵，然后选择采取行动？从前她们不得不忍受并且坚持下去，或用杀死爱情作为手段来保护自己。今天她们投入竞争，沉迷于梦幻般的空想世界中，或最终在怨恨中离异。

但究竟女性在何种程度上可以相信她们爱的转化力量？她们能信赖自己感觉的真实性吗？她们能听从自己的心灵吗？她们能站在男人的立场上，用自己全部的爱，用女性特有的献身精神，用她的信仰坚定不移地为两个人的共同生活，去争取一条新的道路，去打开新的局面吗？事实上女性常常在男性充满权威感和统治性的姿态面前败下阵来。面对男性控制权，女性为对抗男性的强势会采取保持沉默、巧施诡计以及勾引诱惑等手段，但她们却不能信赖自己的直觉，不能在爱和信任的基础上经营自己的婚姻和生活。虽然有许多女性对由男性掌控和压制的婚姻生活感到不满，悲苦抱怨，但她们自己又为改变这种现状做了什么呢？她们无法相信，自身的爱能拥有无限力量，她们能够凭借爱的力量去建立新的系统和新的关系。

迄今为止，妇女解放运动并没有使女性真正地认识自己。尽管女性由此获得了更大的自由和更多的创造空间，女性能对自己有不同于以往的认识，她们能够去发现，自己也可以独立自主，拥有智慧和创造力。但是，很多女性在与男性占统治地位的古老系统进行斗争中，首先丧失了自我与理性。女性将男性押上审判台，向整个世界控诉他们的罪状，男性的统治地位如何在她们的生活中制造了悲苦与伤痛。她们呼吁妇女们起来反抗，却放弃了女性特征。她们首先忘记了以批判的态度来审视两难选择中自己应负的那部分责任，也没有对自我牺牲精神、对生活舒适程度的要求和对自身力量缺乏信任等问题进行剖析。通常女性在与男性的统治地位进行斗争中，并不能强化自身的女性力量，相反，她们变得比男性更固执，更充满怨怼。在男性的阴影下，女性不得不更多地以各种可能的暴力手段来操纵局面。

尽管有上述种种问题，但对女性来说，至少外部世界发生了很多变化。很久以来她们已不必对一切都逆来顺受，无须将自己放置在从属地位，至少在我们的文化中情况确实如此。女性认识到自己的权力，能了解发展的可能性，并有权作出判断和选择：大多数离异是由女性提出的。但在我们女性深层心理的阴暗角落中，仍然埋藏着对男性的恐惧，害怕男性的统治权威，害怕男性的性欲。而在另一个阴暗角落中则埋藏着对男性的仇恨。

身体记录了被迫害的历史

有一次，我参加一个由男女双方共同参加的伴侣治疗学习班。有一天的活动是男女双方分开进行的。女性集中在一起，来共同了解自己的女性特质的根源。男性也同样。在我的生活中还很少有像那天经历的那样，使我深深地感到震惊并被触动：当时大约有 20 名女性在场，其中一项安排是，她们每人拿一面小镜子，然后各自在大教室内找一个不会被别人看到的窄小空间，以便不受打扰地关注自己。她们的任务是脱掉自己的衣服，在大约半个小时内从镜子里观察自己的乳房和生殖器，同时每个人都应该与自己的身体进行内在的交谈，倾听身体的声音，体会身体的感觉，回想在自己以往的生活中乳房和生殖器经历过的一切，回想记忆中储存下来的一切。最多过了 10 分钟，房间内的静寂突然被不时从这里或那里冒出的哽咽抽泣声打破。轻微的啜泣声逐渐扩大，发展成了令人心神不安的呜咽与哭泣，并很快扩大到整个小组，声音越来越响，直至整个空间最终充满令人心碎的痛哭声，如同一曲沉痛的哀歌在教室里回荡。

最后，女学员们被要求重新穿上衣服，聚集到一起。这个课程的目的在于给身体一个机会，来释放始终被压抑在悲伤沮丧之下的力量和能量。教室内一直播放着一种原始自然的古老音乐，学员们可以按照自己的节奏和韵律随着音乐自由舞动。但随后所有人都像换了一个人似的，本来的母亲、学生、商人突然间都变成了强大的复仇女神、激愤的女战士和暴怒的女人。到处充斥着捶打夯杵般的沉重声响和威胁性的、控诉性的以及下意识的喊叫，整个房间好像随时都会爆炸。在这一天，我与其他女人共同经历的一切，已超出了每个人各自的痛苦，这是一种女性最原始的集体经验。

每个人不仅具有个人的潜意识，同时在每一个细胞中也承载着集体潜意识，即所谓的社会历史遗产。这份遗传学意义上的遗产，在一个女性细胞中体现出的，也许是女性在过去数百年来被征服、被强暴、被奴役的迫害史，是被焚烧的女巫以及无数出生时活着或死去的孩子们的呐喊。人们在最近几十年才了解到，集体潜意识也如同性高潮一般，能够一再重历。在最近这 100 年历史中，同样的细胞或许承载着有关被禁止的、秘密的和威胁生命的堕胎信息，这个细胞可能由此储存了婚姻的责任、经济上的依赖以及意外受孕等信息，它还能从最近的遗传学意义上的历史中获得最新信息，讲述女性为获得认可以及职业上的发展和身体的自由，而进行的全部斗争历程。但所有这一切，都只不过是整个遗传因素的一个极小部分。

昨日的女性细胞知道，她们的前辈为了发展共同储存的潜能，只走完了一半的路途。它知道，它只是将女性无限潜能的一小部分激发了出来；它知道，在它未被开发的储藏中深埋着丰富的爱，足以改变整个世界；它还确切地知道，女性的身体是地震仪般精确的工具，完全值得信赖。对它而言，真正的解放意味着对自己负责，意味着自由，同时又与自然息息相关，与生活紧密相连。真正的能力及权限与包含在大地及生命之中的知识，本能地连接在一起。它完全彻底地知道，它所属的这个女性，不必由外在的因素来解放，而是要完全投入到她自身永不枯竭的源泉，她的心灵之中去。

探讨女性的本质就是探讨如何通过天然、本能和健康的方式，来处理孩子与事业的关系，经营我们的整个人生。这关系到绝对无法以理性来把握，且与宇宙以及深层存在紧密联系的心灵力量；关系到一种全方位接受生活的方式；关系到一种全新形态的知识，它只是存在着却无法通过学习去掌握。

伴侣关系表面上涉及的是男女双方，其实关键的是头脑或身体。有一次我与一位被妻子抛弃的男人聊天，他说："我的脑袋就是在发生撞击的紧急情况下使用的安全气垫，除此别无他用。我反复思考的都是早就被确认的真理，地球不是片状的——事实上它是圆的。可地球原本就是圆的，现在也是圆的。就这么回事！"

我相信，如同地球的形状一样，女性的天然本质也是如此。地球一直就是圆的，它压根儿就不可能是其他样子，就算整个（男性）世界都相信，地球是片状的，它也依然是圆的，并将生机勃勃地按照它的本来面目存在下去。对它而言别无选择，只能如此存在下去，并等待着在它上面生活的男人有一天了解事实的真相。

被许多女性否定的直觉是来自本能的，它包罗万象，与自然联系紧密。一个认识到直觉价值的女性，会开始重新生活，她将学习信任自己，不再将自己置于从属地位。她将更多地按照充满神秘感的自然法则来调整自己的生活，如同南飞的候鸟按照自然规律迁徙一般。这样的女性知道当她被爱时，或当她恋爱时，自己的感觉将会如何。她不会再按照外部世界的状况，或按照男人的标准来安排自己的生活，她甚至不会为她的孩子牺牲自己。她将很自然地期待着得到他们的尊重和爱戴。一个智者曾说过："你们男人必须明白，男人只需爱一个女人，而不必去理解她。这就是你们该理解的。”

在黑暗中期待骑士般的救星

追本溯源，早在远古的人类发祥期，男性之所以能相对于女性占据统治地位，正是由于其身体上的强势。诚然，在人类发展的漫长时期，一切都有了极大变化，两性平等的价值观念赢得了越来越多的关注。尽管原始时期早已过去，但它的影响仍深刻地保留在我们的集体潜意识中。就像今天我们作为成年人，仍然会从儿童时代的早期经验和印象出发，来处理当前的事务。现在我们身上仍保留着一些原始时期遗传下来的行为方式和处世观念，尽管这些在当今时代更多地会成为阻碍发展的因素。

现在，男性并不占有绝对优势。那为什么尽管有这样明确的认识，女性却仍长期处于被动受损的地位呢？为什么从出生之日起，她们的平等权利就受到各种形式的质疑和拒绝呢？她们向男性表达自己精神上、情感上以及心灵上追求平等的自然要求，怎么会长久以来一直遭到压制？对此仅仅解释为她们仍然是男性以及传统男权要求维护男性优越地位的牺牲品未免过于简单。女性自己究竟在两性权力之争中起到了什么样的作用？

直到今天，我们的细胞中仍然深埋着在黑暗年代被征服、被强暴的记忆，同样如此，在我们要求男女权利平等和妇女解放的同时，仍在心中暗暗地渴望着强壮的男性和具有骑士风范的救星。在女性发展的历史上，不仅出现过女性遭受压迫的现象，同时也出现过女性为了获得保护和供养而选择捷径的现象。时至今日，依然有许多女性不愿为自己的生活承担责任，而是让男人来承担供养家庭的责任，并根据他们的方式和办法来应对生活中出现的困难。

许多女性开始时可能还觉得很享受，自己能远离职业竞争的战壕而只需依靠丈夫生活。最初她们可能还为如此的生活状况而感到沾沾自喜。尽管只有极少数女性能直言不讳地坦承，但事实是我们中的许多人不仅嫁给了一个男人，同时也嫁给了他的能力：前途光明的大学生、心灵手巧的工匠、功成名就的经理人、才华横溢的艺术家、荣华富贵的企业家、富有的法定继承人等。然而，即便这些在结婚之初所期待的结果随着婚姻的发展逐步实现，大部分生活在富裕安全状况中的女性，仍会感到非常迷惘。

她们终于获得了自己一直想要的，但她们的感觉却与当初想象的完全不同。这些成就并不能为她们的家庭带来生命的活力，也不能为自己带来快乐幸福的感觉。经过一段时间的婚姻生活之后，她们会认识到，尽管自己正迈向富裕的生活或稳定的社会地位，但同时也走进了一条死胡同——表面的光鲜并不代表深层的满足。

最终，依靠男人生活的女人只能自我惩罚，她们在婚姻中受到忽视，无法采取主动，因而内心充满怨怼和恐惧，生怕丧失眼前舒适的生活条件。这样的女性对男性创造的生活感到不满，对自己的状态感到失望，她们被深深打上了无价值的烙印，因此她们仍无法信任自己的力量和女性的优势，无法承担自己的责任。于是男人承担了责任，同时也承担了一切过失：我们这个世界的现状、我们的经济形势、我们的政治局面、我们的家庭、我们的性生活……

“看看吧，我们过得多么糟糕！看看啊，我们的生活多么空虚！看看哪，我们为了家庭牺牲了多少！你们看看，我们变得多么疲惫不堪，多么没有尊严！我们什么都没了！”女人们带着殉道般的自豪悲叹抱怨着。她们中的很多人确信，如果没有她们长期持续的无私支持，她们的孩子会堕入深渊；还有不少女性认为，为了保证爱的平衡，她们有责任为了丈夫的事业而牺牲自己个人的生活。

一个女权主义者对女性诸如此类大吐苦水的行为，十分恰当地进行了冷嘲热讽的概括：“唯一能使生活重新变得美好的可能，就是对女人来说普遍存在这样一个事实——大部分男人都比女人死得早。”

当然除了这些相互吐苦水的姐妹之外，女性中也可能还有一些比男人更优秀的佼佼者。前者的生活内容只是围绕着打零工、做家务以及一些社会认可的业余工作，而后者则可能在男性世界中占据一席之地。不久前，一个在国际知名时装公司工作的很有成就的女性朋友解释说：“就是在时装这个行业里，占据领导地位的女性也变得越来越中性化了。她们精明能干、风度高雅，却不表现出任何一点儿女性的特征或优势。”女性想要拥有成功的事业，就必须学会如何在男人的世界里“游戏”，甚至比男人更有策略地采取行动。

互吐苦水的姐妹们和比男人优秀的佼佼者，只不过是女性世界中两种极端的充满迷惘与错乱的变异现象。介于两者之间，还存在着无数其他类型的女性在不同程度上追求着自我实现，努力完成自己的社会责任。过去 10 年间的妇女运动揭示出许多真理，但最终也只是不完整的真理。事情的关键不是动用全部力量努力向上攀升或为了重获自由而奋力抗争，而是女性如何最终认可并信任自身得之于大自然的力量和自由独立的本性。

女性事实上也拥有男性的智慧和创造力，同样有能力去表达自己，同样具有精神上的力量，这就是关于女性的真理。

为了能真正收获妇女解放运动的果实，为了能使女性在社会中确实获得适当的地位，女性自身必须承担起自己的责任，结束被歧视的命运：女性越是对自己不得不接受男性创造的生活感到不满，越是感觉自己变得麻木不仁，她们内心的愤怒和怨怼越是强烈，负罪感越是沉重，越是对男人抱怨指责、对抗斗争，那么她们就越是暗中期待能拒绝自己应负的生活责任，继续扮演牺牲者的角色，并依赖男人生活。诚然，大多数时候，这样的期待是完全蛰伏在潜意识层面的。

不满的女人背后都有脆弱的男人

所有这些抱怨不满、愤懑好斗、总觉得自己在付出的女人，都属于某个男人。而且通常情况下，这个男人往往是个不敢正视自己真正力量的弱者。

男性因为长期与同性竞争，往往处于疲惫不堪的状态中。力量对比、获得胜利或被他人征服等历史信息，也同样储存在他们的每一个细胞内。几千年来，男性被锁进了由权力驱策、失败打击和平衡补偿所构成的苦难循环之中。胜利对于男性来说，是生存的必要条件。在争取胜利的过程中，他们必须考虑到，自己有可能输给一个更强的对手。但他们内心的恐惧却绝对不能流露，必要时他们甚至不得不伪装强大，或者，他们必须找到一个更弱的参照对象，以便凸显自己的强大。

男人的能量今天仍然最大限度地用于争取自己的空间和地位，平衡并补偿自己的弱点和缺陷。如果需要展示身体的强壮，现代社会的男性宁可展示他汽车发动机马力的强大，而不是自己肌肉的发达。当然，在更多情况下，权力游戏会在男性的头脑中进行，对生活挑战的应对则会在理性层面上完成。大部分男性了解自己的能力，但他们却不明白，究竟什么才能带给他们安宁和满足。他们很了解，这个世界是如何运转的，但他们却感觉不到地球的勃勃生机。他们根本不了解自己的内心世界。大部分男性能对具体的事物进行分析，并能理解其中的逻辑和关联，但他们对爱却没有经验，他们无法理解爱与征服的区别，对心灵的神秘也一无所知。

男性一旦重新获得与生活的全面联系，就可能在这个世界上、在我们的经济生活中、在家庭内部，和他们的女人一起进入一个新世界。确实，当一个男人追随自身的力量，就能焕发生机，具有更强的生命创造力。首先这样的男人是他自己，拥有爱的能力，最主要的前提是，他能给予爱，因此，与他生活在一起的女人不会因他而枯萎。

然而几乎男人所做的一切，都是在无意识中将他们内在的伤痕隐藏起来，同时在外部争取更多的权力。一个男人早上离开家，宣称他现在出门是为了供养家庭而辛苦操劳；他晚上去参加体育活动，说是为了强健身体；他爱汽车，因为速度使人感到快乐。而事实的真相却是，他为了寻找胜利、寻找竞争、寻找他所做的一切中所蕴含的权力，他迫切需要与其他同性在一起。所有这些就是他在这个世界上的价值所在。他的生活还缺乏的一点儿东西，也是他自己忘记的，那就是意义。在所有他所做的这一切之中——创造、拓展、奋斗和征服，都应该是有意义的。

当这个男人回到家中后，他很少会问自己："我的所作所为究竟有什么意义？我为这个世界贡献了什么？因为我的存在，谁会过得更好一些？"通常情况下，他完成了很多任务，却没能给予他的家庭真正需要的营养。他只能看到他行为的结果，却看不到他自己。许多功成名就的男士在患上流感时，就如同生了一场致命的大病。无数男人站在花店门口，会不知道买什么花带回家；在家中面对玩耍的孩子和妻子细腻光洁的皮肤时，会感到手足无措，不知该如何应对。无数的男人富有创造力，是经验丰富、策略灵活的成功者，但在家庭生活中，却好像泄了气的皮球那样无精打采。在心理的深层，男性通过他们长期争取成就和胜利的历史经验学习到，自己必须将令人不快甚至讨厌的感觉深深埋藏起来，时刻伪装出强大的样子。于是他们的行为看起来极为理性，目标始终对准权力。他们将自己与自己的感觉隔离开来，拒绝一个感性的自己。

健康的个体需要阴阳两种力量

无论如何，男性与女性一样，在这场头脑对抗心灵、权力导致麻木的游戏中，都被绑在了同一辆战车上。由于两性中没有一方能保持自己本身的力量，于是双方都希望能从对方身上获得这股力量。女性一方面在寻求保护和关照，同时内心又充满怨怼，因为她们不得不为此忍受丧失自主权的代价。男性虽然保有了自由和权力，但内心却感觉自己生活得像二手货一样毫无新鲜感，并时刻背负失败的恐惧。女性和男性一样，在这种“不是……就是……”的选择中感到疲惫不堪，双方都走进了死胡同。女性在追求平等的奋斗中变得冷酷坚硬，最终变成了泼妇式的复仇女神；男性在独立自主的面具后变得越来越无助，最终退化成懦夫。

一个健康的个体需要阴阳两种性质的力量。这两种力量有着各自不同的表达方式，在理想情况下能相互补充。由此男女两性才能在共同建立的关系中凭借原始的本质而创造生命，两性中的任何一方理所当然都应当拥有最基本的自主权并承担起自己的责任。感谢妇女解放运动，使我们了解到，女性具有与男性同样的潜能，但我们是否敢于坚信一个同样的真理，那就是女性与男性同样需要自主权、责任感以及经济上的独立？我在咨询实践中从各年龄段女性身上获得的经验显示：如果一个女性确实想要奉献，那么她首先必须能信任自己。如果一个女性确实想要在生活中唤醒她的爱，那么她必须拥有自由和独立，能根据自己的意愿去进行选择。为此她必须首先学会承担责任。事实的真相就是：如果希望婚姻能长期正常运转，那么女性就必须逐渐打好自己的基础，包括物质的、理性的和情感的。

我相信，做女人并不只是当个富有自我牺牲精神的家庭妇女和母亲，做女人也意味着敞开心胸，凭借本能的直觉去接纳，意味着为男人和孩子做出榜样，使他们能理解，当人们跟着内心的感觉走时，生活会变得多么充满活力、从容富裕且健康快乐。做男人则并不意味着要做到最好，而是要保持自我，不是要摆脱自己的感觉、本能、家庭和妻子，好让自己能保持所谓内部和外部的最佳距离，来承担一切责任。我确信，一段真正健康的关系，能在发展的过程中使男女两性都有机会去展现他们的能力并发展自己的个性。我确信，只能起到“塞满钱包”作用的丈夫绝不可能完整地赢得妻子的情感并征服她们的心；我也确信，“我总是为大家”这类自我牺牲型的妻子只能操持家务，从来不曾释放过她们女性的力量，也绝不可能真正有所奉献。

重新信任自己

有一次，一位男士对我说：“爱你的女人，不会向你提出任何要求。她们不想让男人供养，也不需要得到保护。她们只期待能为你所爱。”我很受启发，女性需要如此去爱，以便她能全神贯注于自己内在的感受，能由此而找到内心的安宁与平静，能从内部自我调整、自我充实，重新找到自己的爱并感觉到它的存在。由此出发，女性可以找到自己能力的证明和得自天然的智慧。

有些男性曾拥有过充满知性的女性，有些女性则体验过被男性深爱并从中获得满足的情感。这样的男性和女性不可能再自欺欺人。他们中的大部分会勇气大增，投入人生的游戏中，实现自身的价值。相互补充、相互支持的伴侣，能够改变整个世界。

对我个人而言，能体会到原始女性和原始男性的存在，的确是一场奇异的冒险。我发现，两性间的实际差别越来越少，而自然的吸引力和相互补充的欲求越来越强，尤其是当我们更深入地了解自身之后。我的经验确切地显示，只有当女性最终理解了自己的心灵，接受了自身本能直觉的引领，且充分信任自己，男性和女性才能实现和谐的统一。

在这种情况下，女性必然要承担带头人的角色，引领自己和伴侣穿越荆棘丛生的灌木丛而回到最深层的心灵体验。继续抱怨自己的伴侣对这个没有感觉，对那个忽视推拒，指责他们在生理上像机器人，心理上极其幼稚，已经变得毫无意义。女性应该擦干眼泪，到了该自己尊重自己的时候，她们应该坦然表露自己的感觉，勇敢地向前迈进，更好地创造生活的价值。她们会变得强大，事业也将得到更大发展，生活会更有意义。她们的婚姻和情感会得到改善，她们的伴侣会因此而受到影响和触动，其作用远胜于千百句抱怨和牢骚。同样重要的是，这也将使她们的孩子更加健康地成长。

安娜格蕾特是一个成熟的单身女性，在她工作的办公室里，她是唯一的一位女士。当她找我咨询时已做过不少心理治疗了。此时她对心理治疗的理论和手段都十分熟悉，对自己的病态症状描述得很详细，且分析得头头是道。就在她来找我之前，她的医生根据她当时的精神状态开出了住院治疗的诊断，她差点儿被送进了医院。

她告诉我，近两个星期以来，她只能不断地哀号。就在我们谈话期间，当她想向我说明情况时，也只能一边哽咽一边告诉我正发生在她身上的事。安娜格蕾特每说完两个句子就会停顿下来，胆怯地希望从我这里得到证实，自己是否真的疯了。长期以来，她一直被家人看成是个疯子、怪人、精神病患者。

我一再安慰她，告诉她，我觉得大部分人看待世界的方式比她更疯狂。

安娜格蕾特停止了哭泣，就在这个上午，不知从什么时候开始，她竟然露出了笑容，滔滔不绝地讲述自己各种各样的担心和不安全感。最后，她表示自己已很长时间没有像这样轻松地谈话了。“我相信，我没发疯。我只是需要勇气，说出我心里所想的。尤其是在我的家里……”几天之后我得知，在她家人的紧急劝告下，安娜格蕾特白天不得不留在医院里。就在我们谈完话之后，她直接开车去找她的家人，并向他们解释，为什么她最近总是哭泣。她想解释的是，她不得不这么做，因为她的身体在提醒她，有内在的创伤值得她关注并去治愈，这并不是什么令人不安的事情。由此她的家人更进一步认定，她确实疯了。

我不知道安娜格蕾特最终怎么样，但我知道，这个女人来找我时没有发疯。安娜格蕾特只是无数不能相信自己以及自己的直觉与感受的女性之一。她们在理性的谈话中经常无法坚持自己的意见。当她们置身于男同事之中时，感到自己是个异类，格格不入。她们的身体十分渴望温情，渴望被爱。她们一再试图在众人面前将自己的感觉隐藏起来，却不断地被伤痛疲劳所压倒。

安娜格蕾特从来也没想到过，她体会到的陌生感，可能正是一个准确的信号。她也从来没想到过自己的身体和心灵需要，她没勇气大声说“不”。所有的一切都导致了安娜格蕾特渐渐脱离了生活，退缩进自己的小圈子，她不再积极主动地行动，对自己的女性特质失去了信任。与此同时，当她与男性交谈时感到极为拘谨，并且害怕进一步的性接触。然而在所有这些表面现象背后，安娜格蕾特更渴望与一个男人建立深层的、充实的、温情脉脉的关系。

女性别无选择，只能重新信任自己。如果她们最终能信赖自己的心灵、本能、身体，她们就能再次向男性敞开心胸，并向他们展示，女性的力量是如何重要和宝贵。没有女性的温暖呵护、滋养哺育、承担支持，一切生命都将死去。我们的婚姻、我们的经济、我们的宗教、我们的地球和男人，即我们今天所有的这一切，都需要最有威力同时也是最具奉献精神的女性力量。

第7章

出轨并不是第三者的错

Liebe dich selbst und es ist egal, wen du heiratest

与秘密情人说出的
每一个字、每一次相见、
每一次接触，都因为其不被
允许而显得无比珍贵。

日常的婚姻生活、伴侣关系中的例行公事、银婚纪念日……一切都是那么沉闷、懒散、单调，毫无激情可言。我们坐在家中，对伴侣的任何动静都了如指掌。事先就能知道彼此间越来越少的对话如何开始，到哪儿结束。或者两人不再商讨具体事务，因为那令人不满的回答，我们早已听过无数次。我们感觉到，也可能是明确地听到，伴侣对自己和自己行为的批评，因此觉得受到了极大的限制，或者我们的行为根本得不到对方的回应，无论我们做什么，对方都无动于衷。无数次，我们试图接近伴侣，却总是在中途被看不见的障碍阻挡；无数次，我们渴望与对方沟通，却事与愿违地由于回避与沉默而彼此分隔，或者因为各种偏见与索求被拒之门外。

我们当然希望能与伴侣分享自己所有能得到社会接受与赞赏的生活习惯。此外，对相识之初美好时光的回忆有时也会从我们的心底涌起，使我们的脸上浮现出一抹微笑，并会使我们因为感受到意外的激情荡漾而呼吸急促。然而当我们起身四顾，定睛细看我们眼前单调的婚姻生活时，内心仍憧憬着充满刺激和不可预见的奇遇。我们感觉自己就像前面所提到的那位前部长鲁道夫·沙尔平一样，渴望能拥有真正的生活。然而大多数时候，这些梦想刚刚冒出头来，我们几乎还来不及去仔细品味感知，就已被我们亲手扼杀在摇篮里。我们阻止自己去做梦，是为了让共同生活中出现的情感赤字变得不那么难以忍受。我们所能做的，就是尽快将梦想压抑下去，将它们深埋在冰山底部。我们不愿再感受到梦想的存在，而宁愿如同患了强迫症一般，津津有味地研究起晚间电视节目。

但是，事情并不这么简单。

突然之间，一个陌生人从天而降，出现在我们的生活中！一个纯粹的偶然，让我们觉得自己如同久旱逢甘霖，重新苏醒过来。在与他或她的相遇中，我们内心的所有界限和清规戒律都在一瞬间轰然倒塌，我们心甘情愿投身于一次奇遇。终于，我们可以再次期待并梦想着，能完全地奉献自己；终于，我们可以重新去爱，重新去生活。通常，在所谓的外遇中，我们能经历到更大强度的情感刺激与开放的性体验。我们感觉自己似乎触了电，全身膨胀着勃勃生机，生命活力不可抑制地推动着我们。我们的身体也被激情鼓荡着，一股被激发出的潜在电流将我们裹挟着，冲出了黯淡消沉的日常生活。就好像我们终于在深陷阴霾平淡如水的婚姻、家庭和伴侣生活中，杀出了一条通向黎明曙光的坦途。

我们无法确定任何事情，无法做出任何安排，甚至无法正常地处理平日的例行公事。我们如同发了高烧一样，一心期待着下一个电话、下一次约会、下一次接触。地下情人对我们而言，就像胰岛素对糖尿病人那样，我们不断需要再来一针，否则我们的生命活力就会下降。没了新的补给，我们就会再次沉入令人更加无法忍受的原有生活，重回丧失了意义的普通日子，就意味着又一次被投入监狱。在画地为牢的日子里，我们曾无数次问自己："一切本该就是这个样子吗？"

艳遇：美味还是毒药

艳遇使我们的生活不再毫无希望、不知所措。与此同时，我们心知肚明，眼前的一切紧张、刺激、精彩，完全不同于家里的一成不变。面对新人带来的无数未知，我们陶醉在如同吸毒后的快感中，享受着品尝禁果的快乐。如此的冒险刺激导致肾上腺素大量分泌，我们的心脏再次跳到了嗓子眼儿。我们的地下恋情是秘密的、不被允许的，因而受到了各种限制。我们说出的每一个字、每一次相见、每一次接触，都因为其不被允许而显得无比珍贵。当我们说出每一句话时，当我们每次约会、每次联络时，都必须小心谨慎，清醒得就像抢银行的劫匪，行动中时刻保持警惕，绝不能触动警报。如果我们想把禁果当成珍馐美味，品尽其中各般滋味，那么我们就必须将地下恋情进行到底。为了减轻压力，我们只能在最要好的女朋友或者最忠实的知己面前暴露恋情。其他时候，我们只能将自己的幸福快乐默默地闷在心里，无论如何绝不能暴露在光天化日之下。

因为在外面等待我们的，是我们的伴侣、孩子、家庭——其实等待我们的，首先是自己的愧疚感。当我们与秘密情人相会时，原本沉浸在激动人心的浪漫中，但一想到自己的家庭，就会受到良心的谴责；我们津津有味地将艳遇当作生活的灵丹妙药品尝，其美妙的味道令人心旷神怡，兴高采烈，然而还没等我们回到惬意舒适的家中，美味已变成了毒药。从前在家中我们也曾满怀希望与梦想，但现在剩下的还有什么呢？家是一处场所，里面充满了严肃的要求、乏味的习惯、失败引起的悲伤以及令人神经紧张的沮丧失意。在这里，尽管我们对有些东西已厌倦，但由于自己在外偷情，因而回到家中的我们自觉像一个叛徒。在这里，我们本来承诺担当应有的责任，而现在，我们却只能时刻为秘密行为的后果感到担心；在这里，我们原本有责任并心甘情愿地永远为家庭提供生活保障，而现在我们却转身离去，一心只沉浸在自己的享受之中。从前我们被过多地限制在这里，现在我们则让自己走出去，无拘无束地体验新的乐趣。

即便我们还不能完全认识到其中的相关性，但外遇总是首先发生在我们内心：当我们在外面拥有了一个秘密情人，我们在家里无意识中就成了一个罪人。我们对外面的这个他或她怀有超过一切的热望，愿意为之献出激情和活力。但是家中的丈夫或妻子、整个家庭以及信任和亲密依然存在。一旦秘密恋情在我们的生活中出现，我们的生活就会显而易见地自动分裂成无法融合的两个世界。我们能本能地感觉到这两个世界的存在，感觉到它们都需要在我们的生活中找到位置。但是我们却不知道该如何长期地统一协调这两个分裂的世界。我们置身于三角关系之中，看起来似乎只有一种“要么……要么……”的选择模式存在：要么选择与家人亲密无间、真诚信任，要么选择与情人体验激情与活力。当我们在这个“要么……要么……”的选择中徘徊不前、举棋不定时，愧疚感会随着我们的犹豫而逐步增加。我们将伤害所有的人——不仅是我们自己，也包括秘密情人和伴侣。

在两个伴侣之间躲猫猫

在三角关系中，我们会经历内在最深层的分裂。三角关系总会导致伤害并使相关各方心碎。有些单身的人，总是会被已成家或正处于固定伴侣关系中的人所吸引。结了婚的人似乎正符合他们的理想标准，一切完美伴侣应具有的优点和特征似乎都集中在他们身上。而这些又恰好是一个单身的人所梦想获得的，只是这个人选的对象，却已与另一个人结合在一起，因而不可能完全得到。也正因为如此，强烈的希望不可避免地与同样强烈的失望，在越来越短的距离内交织在一起。三角关系因充满变数而显得更为精彩。置身于混合了预感、期待、恐惧和渴望的情感酱缸中，没人能清楚地了解自己究竟在做什么。当人深深陷入这个吸力强大的旋涡时，遭遇的是恐惧和无力感。

处于三角关系中的一方通常没有能力做出选择，因为两个伴侣身上各自体现出的优点，加起来恰好是他期待从一个伴侣那里得到的。他徘徊在两人之间，比较考察着她们各自的优点和缺点，暗自梦想能同时拥有她们。如果他有朝一日必须做出选择，他会始终感觉自己失去了什么。如果他停留在两个伴侣间继续玩躲猫猫的游戏，便会日渐感觉自己掉进了一个陷阱中并将自己的全部气力消耗殆尽。

秘密情人越来越渴望得到更多的安全和保障，她所需要的这些，此刻正是被欺骗的一方所拥有的。她的怀疑越来越深，开始越来越多地与这个她渴望得到但眼前却与别人结合在一起的人争执。她怎么能完全相信一个欺骗了另一个人的人？同时她也挣扎在自己的过失里，毕竟她破坏了别人的婚姻与爱情。就算处在中间的这个人最终选择了她，她也仍不可能得到完整的幸福——幸福怎么可能建立在被摧毁的旧关系上？

最难以理解的角色，是在三角关系的两难选择中被欺骗的一方。在她背后发生的，或者说违背她意愿发生的一切，都折射出她自己内在的生命状态——为了自卫而竭力阻挠，而发生的一切却是她无法想象的。被欺骗的一方，在一切发生之前，常常自己就已脱离了她所拥有的关系。当她的伴侣开始将目光投向外界时，通常情况下，她也已身在曹营心在汉，不再与对方同心同德了。很多时候，是她从一开始就没有深深扎根于自己的伴侣关系中，没有对她的伴侣完全负起责任，并且全身心地投入两人的共同生活中。

有很多次，我与被欺骗的一方共同顺着她们情感发展的线索回溯到起点。当我们抵达那个起点时，情况往往是这样的："当我跟我的伴侣认识时，我还正跟另一个人在一起……""我不能肯定，自己是不是真的想跟他在一起……""我只是在形式上被征服了……""我有时会问自己，这个人对我来说，是不是真的适合……""我对很多事情都不满意……""我很久以来一直对我们的关系感到怀疑……"即便第一眼看上去，那被欺骗的一方正伤心欲绝。大多数情况下，关系的真相往往是另一番模样。我通常会向被伴侣欺骗的那一方或由于第三者的出现而被遗弃的那一方提出如下问题："那么，你的内心又是从什么时候开始脱离了这段关系的呢？你是从什么时候开始，只是在婚姻中扮演一个模范角色的呢？你是从什么时候开始怀疑你的伴侣，并收回了你对他的信任以及真诚的发自内心的关爱和支持的呢？"

被欺骗的人往往先背叛

当伴侣中的一方出轨时，另一方经常早在事情发生之前就已暗自放弃了这段关系。这个事实往往是我们不愿接受的，我们宁可接受一个清楚的简单评判：骗人的是坏人，被骗的是好人。然而根据我的经验，往往是被骗的一方首先背叛了自己，她通常不能坚持自己的信仰，对双方的共同生活和关系固执地保持着极为概念化的要求，且很难让自己完全投入一个真实存在、不完美甚至是有缺陷的伴侣的怀抱。被骗的一方往往觉得自己很长时间以来以这种或那种方式依赖着伴侣，她虽然很不情愿，却不相信自己能摆脱这种依赖性，害怕自己会因此而受到伤害。她没有勇气再次面对真相，依靠自己的力量去生活。

那么，骗人的那个呢？那些有外遇的人经常如此形容自己的处境："终于，我感觉到自己的存在，我终于可以让自己纵情放松一回，我不必再面对任何要求……"一个陷入三角关系的男人在与我谈话时表示，他对自己也感到十分意外："开始我只是想能再有一次快乐的性体验。可是随后我发现，其实是我的心在寻找满足。我和妻子之间从没有过真正温暖的感觉。刚开始一段时间可能比较热烈，但真正的温暖却从没出现过。"

如果我们长期无法交流感情，那么通常就会到另一个人的床上去寻找安慰；如果我们无法在家中释放自己的情感，那么生命的活力就需要寻找另一条出路。就像水会从漏洞渗出，我们的情感也会通过一个突破口从婚姻中流失，并将我们引到一段有活力的关系之中去，在那里我们可以尽情宣泄被久久压抑的感觉，由此我们在摇摆中陷入了一段婚外情。

三角关系总会在我们感到压力过大时产生，我们的伴侣以及他们说出和未说出的要求、自我封闭的状态、我们自觉欠缺的一切和内在的空虚，都会对我们造成极大的压力。尤其是当我们无法真正地与他人和外部建立联系、无法治疗旧日伤害的时候，最容易发生三角恋情。伴随着三角关系，我们为自己内在对接近的恐惧找到了一种外在的表达。婚外恋很少是偶然现象，往往是因为我们自己与伴侣已长期处于相对无言的状态，或完全陷入了权力斗争的泥潭，第三者才会出现。

当我们在外面体验各种狂野、充满灵性、生机勃勃、激情浪漫的经历时，会感到更加沮丧和失望："这一切都是我的伴侣所缺乏的……这些正是我们长久以来所渴望的……"后面的这句话是正确的，可第一句不对。所有的生命活力、桀骜不驯的野性、澎湃难抑的激情、从天而降的灵感，这一切都不是我们的伴侣所缺乏的，而是我们的伴侣生活所缺乏的。所有人都渴望得到这一切，这不容置疑！我们已如此长久地禁锢了人类天然拥有的感知力。为了获得安全感，我们变得谨言慎行，努力使自己适应环境。我们咽下一切难言之隐，让自己闭目塞听、压抑、放弃。我们丧失了勇气，随波逐流，任由习惯和每日的例行公事来决定生活的走向。这时，一个陌生人出现了。我们确信从他那里我们能得到想要的一切，他会为我们创造一切奇迹，会对一切承担责任。而实际上，我们不过是重蹈覆辙，再次因一时冲动而去冒极大的风险。我们不敢在婚姻中尝试，却会与这个陌生人一起经历那些在婚姻中不敢尝试的事物。

当第三者出现在婚姻中时，就是我们需要认真对待的时候。不是做出选择这一个或那一个的决定，而是要看清生活的真相。你应该走到你的伴侣面前，坐下来看着他的眼睛，向他敞开你的心胸。你需要一篇像这样括号内留有空白的文章：每当你想到（爱人）时，你会对能与他在一起心怀感激，因为正是由于有了他，你才能重新发现自己。

尽你所能，去认真体会并分析所有那些此刻出现的或再次感受到的感觉。然后你将所有括号内的（我的爱人）换成（我的渴望）或（我还未体验过的方方面面）。向你的伴侣开诚布公地讲述你的渴望，告诉他你想感受和经历的一切。如同在激流中越过礁石一般，要做到这一点，实在需要极大的勇气，但当你完全沉浸在自己的渴望、美梦和想象之中时，你将会十分惊讶地发现，在跨越了恐惧和伤痛之后，会产生一个开放的空间，其中充满了你所渴望的亲密与活力。

三角关系中谁最害怕接近他人

实际上，当婚外情发生时，置身其中的三个人都面临着生活中最大的治愈及发展的机会，全部三个人！三角关系中的每一方，都不得不面对自己对责任和真正接近对方的恐惧。一段健康的伴侣生活，需要两人通过不断的交流与沟通，作为一个更大的统一体持续更新发展。如果伴侣双方不能共同承担这份责任，治愈往日的创伤，努力继续发展，那么他们在伴侣生活中就会感到缺少了些什么。

第三者的出现，实际上体现的是被欺骗一方所不曾充分展露的特征。作为被骗的一方，当然不愿承认那可恶的第三者跟自己有什么相干。她决不愿意和这个人说一句话，决不想与她坐在一起，不愿意面对她——这个人就应该赶紧走开。然而，我总是鼓励被欺骗的一方与第三者尽量建立真诚的关系，为的是使她能认识到自己在发展过程中所欠缺的特征。

而站在中间的一方，早就应该在自己最初的关系中，通过沟通来真实面对双方的问题与冲突。他的任务原本就应该是先头部队，在婚姻中有勇气去尝试新的体验，打开新的发展方向，卸下往日行为造成的负担与累赘，并在日常生活中用耐心和责任心不断激励鼓舞伴侣以及整个家庭，带领大家迈向新的层面。然而他不仅没有这么做，反而逃避责任自欺欺人，只是梦想拥有完美的伴侣生活和独特的感情，期待过另一种完全不同的生活，并为此徒然地一再追逐新的希望。

一旦新的爱人在他的生活中登场，他便会说：“这个人是如此充满灵性，如此自由，如此独一无二，与她在一起，我感到自己获得了新生。”但是他认识不到，使他活起来的，不是这个特别的对象，而是此刻的境况。与秘密情人眼前的相处看起来如此美好，是因为他们之间还没有发生争吵、不快、索求和不满。

我们试图绕开任何会让我们感到不快和痛苦的因素，梦想着任何一种可能企及的幸福，似乎它就在不远处等待着我们。但结果却是：我们在自己所有往日恐惧和要求的折磨下，长久以来已变得麻木不仁，虽然能给彼此带来一定程度上的安全感，却彻底封锁了体内自然的生命源泉。我们不再与身边的人生活在一起，而是与自己头脑中形成的伴侣的图像生活在一起，而这对与我们生活在一起的人是不公平的。有时我们几乎将这个充满魔力的想象——这个在我们与心灵之间进行的游戏——以快镜头方式在我们与情人之间推进。

一次，有位女士来到我的诊所，她刚刚经历了一次婚外情又重新回到了婚姻中。她偶然碰到了从前的情人，竟大笑起来不能自制。这次的相遇使她感到十分难堪，同时她也感到了意想不到的解脱：“我从前肯定是又聋又瞎。那时我确信，这个男人有不同凡响的魅力，深深地吸引了我。而现在，当我再次看到他时，就好像是吸毒后清醒过来一样，我看到一个瘦削枯萎、穿着邋遢的男人，他毫无魅力，说话还带着很重的口音，好像我从来没喜欢过他。不知何时我突然笑起来，因为我不知道自己还能怎么办。我在笑自己终于从梦中醒来了。”

婚姻中毛毛虫的外遇蝶变

就像从梦中醒来一样，其充满魔力的效果，同样会出现在我们与现实中的伴侣之间。当我们重返家园，与伴侣建立起真正的紧密联系时，会感到一切就像是一场奇遇。从查克·斯佩桑诺博士那里，我得到了一个治疗婚外情和习惯性出轨的秘方。在从事伴侣咨询工作之前，他本身就是个贪婪的享乐主义者。他在越来越短的时间内越来越频繁地更换女伴，直到有一天，他不得不承认自己走进了一条死胡同。没有一个新的伴侣是完美理想的，刺激持续的时间越来越短。通常情况下，在一段业已存在的关系和另一段新关系之间，总还有交叉重叠的部分。最终他发现，每一个新对象身上的特征，正好弥补了前一个对象在他看来有所欠缺的性格特征。

查克·斯佩桑诺不仅是情场老手，同时他对人类的意识和精神的力量也颇有研究。于是他开始尝试在令他困惑的局面中采取新策略：他依然努力寻找他所欠缺的性格特征，然而这一次他完全相信，他会在现存的伴侣关系中找到他所寻找的一切。他不再像过去那样草草结束一段关系，而是深入全面地将自己与眼前的女伴联系在一起，并始终关注她，坚信他一直寻找的一切，其实都体现在她身上。他终于收获了成果，以自身的经历为基础，他研究出迄今为止在伴侣咨询中十分重要的治疗手段，那就是：将你全部的爱、关注和好奇心重新给予你的伴侣，发自内心地与他建立联系，在 14 天的时间里全神贯注于你所寻找的性格特征，坚信你能在现有伴侣身上发现这些特征，从而彻底改变自己的伴侣生活。

查克·斯佩桑诺与这位女士已结婚整整 20 年了，他们仍然幸福地生活在一起并一同奔波在世界各地，进行伴侣咨询工作。

每个人都可以走上这条路，与自身迷失分裂的那部分人格重新统一，并信赖自己与伴侣之间爱的力量和各自的潜能。你应该承担自己的责任，使你的心灵与肉体重新统一，摘下你的面具。我们作为成年人无法坦诚相待的原因，正是由于童年时代没有痊愈的心灵创伤。我们越是将陈年旧伤长久地埋藏起来，就越是需要勇气将我们的创伤展示在另一个人面前。

陷入三角关系中的任何一方，都可以启动迫切需要的治疗过程。每个人都可以鼓起勇气，重新承担起揭开事实真相的责任。就是那个被蒙在鼓里的受骗者，也至少能感觉到，自己的伴侣生活出了什么问题。当然，那个站在中间的人手中握有的是影响全局的一张关键牌，他能使所有当事人都向前迈进一大步：他可以向原有的伴侣透露，他们的生活中出现了第三者。实际上，坦白能赢得转机。

通常情况下，脚踏两只船的人往往举棋不定，犹豫着不敢向自己的伴侣承认第三者的存在。但我建议必须做到这一点。只有这样才能开始解决问题，这对所有当事人的发展至关重要。通常情况下，此举必将引发一场在伴侣间多年不曾进行过的谈话。尽管当事各方都不肯承认内心积压了痛苦的情绪，但这场谈话却为宣泄不良情绪开辟了道路。站在中间的人开始常常不肯坦陈，不愿泄露情人的名字和身份。但在这一点上我仍坚持必须完全坦诚。只有当一切都摆在了桌面上，才能使所有当事人继续前行。所以在解决婚外情问题时，没有什么挑战比坦然说出实情更为艰难。“究竟谁是我的真正伴侣？”只有透彻地思考过这个问题之后，当事者才能领悟到：“现在我终于了解到，我应该做出选择，经营好一段关系，完全拥有一个人！”

但是，走上这条道路需要极大的献身精神、坦率和承受伤害的勇气。遗憾的是，目前我们对精神与能量的相互关系还知之甚少。我们也不太了解，当两个陌生人，在没有建立爱与信任的情况下，仅仅“发生性关系”时，其深层的能量交换究竟是如何进行的。通常，在这种扭曲的秘密关系中，女性“将一切尽可能地吸入体内”，如同能量吸尘器；而男性不仅消耗了体力，也费尽了心力。

追求完全独立比依赖更糟糕

不久前，我有过一段美妙的经历。出于工作需要，我一个人出差了几天。一天晚上，我约好与一位男士见面。在此之前我只见过他两次，还谈不上真正了解。当天晚上，我们约好共进晚餐，以便就一些工作上的事情进行协商。我很久没有体会过如此愉快的感受了：一切都只需点到为止，不必赘言，空气中似乎悬浮着美妙的因子。我们相视大笑，好像我们已认识了许久。我们可以非常信任轻松地协商工作，即便向对方提出要求，也不是什么令人感到为难的事。桌上的气氛非常美妙，我十分惬意地长久享受着这轻松愉快的美好时光，感觉自己变得更有女人味儿了，也很自然地接受了来自眼前这位成熟睿智的男士的仰慕。

所有这一切不但很自然，而且令我感到振奋。但是对我而言，更深层的真实原因是：我自由了。

我觉得自己完全自由自在，尽情享受一位陌生男士的爱慕，我甚至可以无所顾忌地说出自己的感受。我问那位先生，他是否明白气氛为什么如此令人愉快？他微笑起来，轻轻点着头。我直接告诉他，我很享受他的爱慕。对我的坦率，他感到很惊讶。我问他是否想知道，我为何能如此坦率地与他谈论所有这一切？他很想了解。于是我便告诉他，自己之所以能如此轻松愉快地享受自由，如此放松坦荡地接受关爱，都是因为我与丈夫的关系足够紧密。正是在这个基础之上，所有我原本该觉得愧疚的感觉，在此都变得真诚美好，也正因为如此，我才可能与他如此坦荡地交流。这位男士确实是一位可交之人，他马上就理解了我的意思。

你知道什么比依赖更糟糕吗？独立！因为要求独立是一种长期的持续性需要，但与此同时你也应该完全承担起对伴侣的责任和义务。你们可能已在一起很长时间了，但你仍不敢说出自己真实的感受。不幸的是，每一种被隐瞒的感觉都会在伴侣间竖起一道墙，从而影响两人间的亲密关系。于是你暗中进行权力游戏，悄无声息地为争取认可和关爱努力挣扎。然而也许你最没想到，你这样做实际上是在与你的伴侣竞争——你希望比你的伴侣更优秀，由此他便无法伤害你。如果你有勇气，那么就表现出你的依赖和担忧，你的伴侣关系反而会因此得到治疗和改善。

第8章

分手解决不了任何问题

Liebe dich selbst und es ist egal, wen du heiratest

学会善待自己，

照顾自己，

当我们心里想说“不”时，

嘴上决不顺应别人

的意志说“是”。

不言而喻，分手与离异已不是什么罕见的情况。一项调查显示，自1970年以来，离婚率已上升到33%，几乎有一半婚姻以离异告终，而最主要的离婚原因则是外遇、酗酒、家庭暴力、第一个孩子出生后的改变、经济纠纷和感情疏远。在诊所，我和许多人一再探讨这些原因。有时离婚的故事令人感伤且沮丧，有时则充满恶意嘲讽与怨怼，有时甚至十分具有戏剧性。尽管如此，我还是了解到，不管真实理由是什么，离异很少能真正解决问题。分手往往只是延迟了问题的解决。

当男性来咨询时，我常用网球比赛中交换场地来比喻离异。如果反手球总是触网的话，即便交换场地、更换对手，击球错误仍然会让选手输掉比赛。打网球时如果一个动作经过长时间的错误训练已形成了习惯，那么只有一个办法可以解决问题：必须对这个动作进行校正。可在婚姻中，如果球经常触网的话，我们会选择迅速更换场地，频繁更换对手，也许这会让我们觉得轻松、新鲜，却不可能提高自己打球的水平。长此以往，我们会感觉越来越空虚，越来越有挫败感。

当对方对我们无所谓时，我们很少会离开，我们离开大多（尤其是当我们不是第一次离开时）是因为我们感到毫无希望满心沮丧。我们不知道如何才能将球打过球网，如何才能摆平那些我们已无法承受的沉重负担。大多数时候我们与伴侣在痛苦和伤害中彼此折磨，看不到任何改变和解决问题的可能性。与此同时，我们的婚姻也变成了战场。此时选择离异，是因为我们认为，放弃是唯一的出路，可以使自己不再受到伤害和压榨。

分手，看起来是拯救自己的最佳方案。我们终于可以再次自由呼吸，怪圈被打破了，平和安宁又重新回来了，伤痛也终于得到缓解了。离异让我们在船破落水时看到了大海中的一个孤岛，脚下终于又踩到了坚实的土地。可以后呢？当我们喘过气来，当第一阵惊喜平静下来，当我们再次获得力量之后，起身四顾，如果我们不想自欺欺人的话就不得不承认，我们被禁锢在了这个孤岛上。有时我们为了一个新的爱人而离异，却马上与他一同搁浅在孤岛上；有时我们会被在孤岛上结识的新伴侣所拯救。但如果我们想回到大陆和孩子身边，回到我们的家庭和原有的朋友们中间，回到自己习惯的日常生活中，那无边无际的大海依然充满着旧有模式与习惯，横亘在面前，让人无法穿越。

分离是为了学会去爱

实际上，离异绝不是引领我们走出困境的办法。如果我们最终确实看不到其他出路，那么至少也要把离异当成发展与改善自我人格的一个辅助手段加以利用。由此出发，离异也可以为我们赢得时间和空间去恢复创伤。当我们抽身离去，屏除他人干扰，完全回到自我，在独处中我们的伤口可以慢慢愈合，心灵能重新获得平静与安宁。当我们经过一段时间休养生息之后，会感到力量重新回到体内。这时等待我们的，一定是从前尚未完成的学习任务和尚未实现的发展过程。这是我们成长的必经之旅。

也许我们离开，是因为另一方总是越过我们能接受的限度，离异就是为了划清这条界限。有时受理离婚案的律师告诉我们，还有哪些可能性与权力，该如何为此奋斗。但一段时间以后，我们会体会到，这种从外部划清界限的做法，只是一种拖延和逃避，最终我们还得自己去完成家庭作业：我们必须学会善待自己，照顾自己，当我们心里想说“不”时，嘴上决不顺应别人的意志说“是”。否则的话，我们便不得不面对越来越激化的自我冲突。分手只是表面现象，问题产生的根源并不是原有的伴侣，而是自身无法明确界限的事实。

离异或许会让我们在一定时间内得到自己所缺乏的东西。离异可能表面上看来令人意外地具有威胁性，或能最终起到拯救终生的婚姻的作用。但认真考察就会发现，当我们无法相信还能找到一个共同解决方案时，当我们感觉不到希望时，当我们不能再使伴侣生活变得生机勃勃时，当我们走进死胡同找不到出路时，当我们感到无法忍受时，也就是说僵化的局面已难以化解，离异便成了唯一可能。我们必须设法实现理性的积极的离异，即所谓的用心离婚。

用心离婚意味着我们将有意识地利用与伴侣之间的距离强化自己，学会走出安全区域去接纳对方。这听起来十分矛盾，但如果我们希望能与原有的伴侣保持平和的关系，就必须真正地继续发展自我，化解从前埋藏在心里的愤怒和积怨。离异规范了我们的生活，如上所述，大部分情况下分手会让我们迈出重要的一步，这一步原本应该在两个人保持关系期间去做，然而却被忽略了。分离使原本母鸡抱窝一般的母亲，不得不变成独立自主的女性；而原本在家中像过客一样的父亲和丈夫，周末也不得不回家接受照顾孩子的挑战，他们由此变成了富有责任心、细致体贴的父亲。通过这种方式，我们被迫面对自己的局限性，并为了生存而不得不成长。有时我们在这一切发生的时候并不自知，只有当我们走出困境回头看时，一切才明朗可见。在彼此分离的过程中，我们重新发现了自身独立自主的能力和相互间的关注。正是通过这样的方式，我们可以好好练习，如何将球打过网去。

也许你现在正在考虑是否要与伴侣分手，也许你已独自生活了一段时间，也许你正在开始重新进入二人世界。我写下这一章的唯一用意，就是发自内心地想传递一个重要的信息：如同两性关系的任何一个侧面，分离说到底是为了学会去爱。离异是对爱的最大挑战。只有当我们理解了昔日伴侣的行为举止，认识到其局限性时；只有当我们不再需要他继续供给，而能反过来给予他时；最终，只有当我们能与他和平共处，并重新向他敞开心胸时，我们才能真正走出他的阴影，摆脱过去的影响。到此，我们才是真正的自由了，才能自然地进入一段新的关系。并且，也只有当我们能与昔日伴侣友好分手时，我们共同的孩子才能得到和平与安宁，他们内在的完整合一才可能在获得了足够丰富的养料之后变得枝繁叶茂。

想离开他就要先爱他

“为了摆脱从前的伴侣而去爱他……”在我的研究工作中，还没有哪个观点像这个那样，遭到如此众多的非议和质疑。也许此刻你也在用力地摇头。尽管如此，事实却是：世上只有这一条路，能让人不仅表面上和平分手，而且内心还能获得自由和解放。如果我们想要超越什么，那么我们就必须首先接受它。如果你确实想从现有的关系中解放出来，那么你就需要与之建立和平的关系。为了找到完全的和平，唯有这一条通道：除了完全地接受昔日伴侣，你别无选择。

也许你没能完全理解这句话的意思，以为你必须不惜任何代价回到原有关系中去，因而感到十分郁闷。但重要的不是留在昔日伴侣的身边，更不是竭尽全力以求能继续在一起共同生活下去。

格洛丽亚来找我咨询，是为了不想离婚。但她坚决拒绝接受眼前的现实，更谈不上认真对待离婚。她丈夫对待她的手段和武器在协商过程中变得越来越尖锐无情。通过我们的谈话，格洛丽亚渐渐认识到，她丈夫实际上是“被迫”离去的。事情变得清晰起来，其实她的婚姻早在丈夫真正离开之前，就已完全丧失了活力，成为在她控制下日复一日的例行公事。每次当我们谈到她反对离婚的理由时，她总会绕到同一个出发点——她父母的离异：“我一直都想为我的孩子们做一个好的榜样，模范夫妻应该生活在一起。”

格洛丽亚从来不曾生活在真实确定的关系中，却直接陷入了对抗离婚的战争。这就好像是，当有人说：“你不要去想一只粉红色的大象！”哪怕你此前从没想过粉红大象，但从你听到这句话那一刻起，你就再也忘不了它了。当你不惜任何代价只想保有你的婚姻时，那么你根本不可能去享受婚姻的快乐，不可能愉快地与一个人去交流和沟通。出于外部原因，为了维持婚姻而做的任何努力——因为责任和义务，因为孩子和亲友——都只会使你在婚姻中变得麻木不仁，使你的婚姻彻底毁坏。在这样的情境和压力下，爱情只会黯然失色，你永远也不可能走近你的伴侣，而只会在下意识中感觉越来越被疏远。就是你的伴侣也无法自然而然地发展与你的密切关系，因为他在有意无意中，也感觉自己置身于压力之下，变成了工具。就像格洛丽亚的婚姻一样，如果一桩婚姻已失去了内在的力量，失去了两性间紧密相连的吸引，那么任何人为的维护措施和强制手段，都没意义。在这样徒有虚名的外壳之中，剩下的就只有责任和例行公事了。不仅你自己将会在其中枯竭，你的伴侣也会被消耗殆尽，而你最终还是不得不面对你想方设法避免出现的局面——离异。

这里我们探讨的不是义务、榜样和承诺，不是如何不顾一切地维持婚姻，我们探讨的是爱，即便我们正准备分开。“……只有当我们能去爱昔日的伴侣，我们才能与他真正分离，我们才能完全自由地投入新的关系。”你或许会想 :“我正想离开这个人，因为他破坏了我的生活，甚至彻底摧毁了我的一切，我还怎么可能去爱他？”问题是我们并不需要认定，我们的昔日伴侣十分出色。爱并不意味着彼此相爱，爱也不表明两个人必须继续生活在一起，爱更不是让你对恶劣的行为保持笑脸相迎。爱与这一切正相反，爱是依赖的对立面，爱是自由，它不需要任何人，它只想去爱。爱就是接受一切的本来面目。

没有和睦，只有依赖

在离异过程中，接受就意味着能清楚地认识到，昔日伴侣的错误行为与你毫无关系。他所做的一切，并不是为了损害你的利益，把你推到阴暗的角落或伤害你。他只是他，与从前一样。他或许不能让你实现自己的梦想，也不能满足你的需要，也许他的一些性格特征令你无法理解、讨厌；他所重视的，恰恰是你不看重、无法接受也不能尊重的；他对你的态度，也不是你想象中期待的。你内心的伤痛并不是由于你的伴侣做了什么而产生。只有当你不能接受时，伤痛才会产生。一切之所以变得越来越令人无法忍受，是因为你的内在对伴侣的行为方式产生了越来越强烈的反抗心理和道德判断。但是只要你还在痛斥他、抱怨他、谴责他、蔑视他，只要你和昔日伴侣间还没有出现和平景象，那么你与他就依然是一条绳上的两只蚂蚱，谁也离不开谁。你还在向他索求——一次补偿、一个关怀、一些改变等。你还没有满足。

“他一天到晚只关心他的工作。”女性常常如此控诉她们那醉心于事业的丈夫，并把它当作分手的一个理由。大多时候这样的讼词表达的是对被忽视的不满。

海蒂贬称她那成就显赫的丈夫以及他的合作伙伴们为“大男孩”，或干脆称他们为“精神残疾”。他们都只想不择手段地挣钱，没有真心的朋友，更没把哪怕一点点时间留给自己的家庭。他们被排斥在私人生活之外，整日只是目光狭窄地盯着自己的职业生涯。而海蒂需要的则是情感丰富的精神生活，她本人感情细腻，善解人意，并且十分热心，乐于助人。为了孩子们，她放弃了自己很有发展前景的工作。然而，海蒂却遭到丈夫离弃。海蒂的丈夫有一天突然收拾起自己的箱子，搬去比自己年轻很多的女同事那里，似乎对妻子和孩子们毫不顾及。尽管他十分富有，却不愿给妻子和孩子任何经济上的保障。

分手后海蒂与丈夫只通过律师进行交流。海蒂回避与他的任何接触。丈夫被禁止进入他们从前共有的房子。在此期间，他们甚至没有通过一次电话。他们在一个公共停车场交接共有的孩子们。海蒂的丈夫越脱离原有的家庭，越拒绝关心支持他们，海蒂就越回避与他的联系和沟通。她越这样做，她丈夫就越变本加厉地紧缩对他们的物质供给。海蒂一再强调，自己和丈夫没什么好谈的。她不断用冷静而蔑视的语调谈到他，并面带高雅冷漠的微笑来描述他的行为。

但是当我们深入到海蒂与丈夫共同的过去时，她却被突如其来的愧疚感击倒。当她与丈夫建立关系时，她的心还没有完全获得自由。他们结识时，她还与另一个伴侣紧密结合在一起，当时她感觉很不幸福。她丈夫将她从那个人手上夺了过来。在这次谈话中，海蒂明确认识到，她在很长时间甚至在婚后，内心一直与那个人有着千丝万缕的联系，对自己的丈夫来说，这是多么糟糕。当谈到她今后的生活时，她感到很担忧，一时沉默起来。她总是无法摆脱对经济困窘的想象。

通过多次谈话，海蒂肯定认识到，她对分手的焦虑主要集中在经济问题上。当她从被丈夫保护的地位上跌下来的那一刻，当她被逐出了安全的家庭环境时，她奋斗的目的也是金钱，就像她丈夫和那些生意场中的男人这些年来所做的一样。她曾那么看不起他们。她不得不承认，在那坚强冷静不发一言的面具后面，她心里怀着对丈夫的恐惧，生怕自己再受到伤害。就是她自己也没有表达出自己的情感，她自己现在也在耍手腕、讲策略争取离婚权益，她自己也在咬文嚼字研究法律条文，陷入了对金钱和权力寸土必争的战争中——与她丈夫一贯所做的没什么区别。最终她认识到了许多女性自己不能接受的现实：她很看重声誉与外貌、权力与金钱，渴望得到这一切。但是她却不肯相信，自己也会被这些所诱惑。而实际上，海蒂感到自己的心灵是空的，自己的人生毫无价值，与那些为了争名逐利而牺牲了家庭生活和感情的男人一样。海蒂对丈夫的谴责，实际上就是对自己的谴责。

用你全部的真心去分手

有一次，我和一位与丈夫分居的女士谈到上帝。她正深受内心的愧疚感困扰，她很担心，在愈演愈烈的离婚大战中，自己对抗丈夫的所作所为将被上帝惩罚。我对她说：“上帝送给你的最好礼物，就是你丈夫。没有他，你就不可能获得这次机会重新认识自己和自己的不足，并学会去爱。此前你还从没机会能如此认真地审视自己的恐惧，从没可能给自己发展自我的机会并原谅另一个人的过失，从而摆脱他的影响。”从那以后，我对很多正处于离异阶段的人们说，你们往日的爱人，现在使你们心怀怨怼、怒火中烧，但实际上他们正是你们人生道路上发展个性的最佳礼物，因为这个伴侣实在是上帝送给你们的，不过不是与他相亲相爱，一同畅游浪漫仙境，而是为了学习接受、了解真爱并正确认识自己的价值。

我们一再迫使自己按照他人的意见行事，让自己适应环境，为了让别人和自己都感到舒服，让别人喜欢自己。如果我们将这一切都投射到伴侣身上，如果我们要求他们为了得到我们的爱而去生活、去行动或去放弃，那么这就不是爱，而更多的是集控制与依赖于一身的一种行为，其首先暗含的意思便是：我们需要自己所缺乏的一些东西，以便能幸福、安全、自由地生活。它也包含着另一层意思，即我们的伴侣有义务给予我们这一切。

希望有人能给予我们所需要的一切，好让我们得到拯救，这种期待，正是我们童年时期遗留下来的痕迹。当时我们因为缺乏力量、不够强大而被成年人和年长一些的孩子所压抑。与我们周围的这些人相比，我们体会到的只是自己的局限和弱小，因此我们总是处于易受伤害和无权无势的地位，由于我们的举止行为不符合他人的利益与愿望而遭到拒绝并被责难。表面上看我们早已长大，可时至今日我们仍试图待人友好、举止乖巧，以便使自己能远离灾难与不幸。我们到现在还执迷不悟，仍在寻找治愈心灵伤痛的灵丹妙药。我们还总是为了往日的忧虑，为了他人缺乏真爱、不负责任等弱点而折磨自己。因此我们便会要求对方来保护我们，使我们的伤口不至于暴露在光天化日之下。如果他们不能满足我们的要求，如果他们的局限再次引发了我们的伤痛，于是在潜意识里，我们感觉自己又变成了一个被拒绝、被欺负的麻木的孩子。我们相信此刻只有唯一的一条出路在等待着我们：我们必须离开伴侣，必须离婚，以便能再次找回自己的权力。

能够与他人建立充满活力且长久稳定关系的人，大多学会了让自己的举止行为不受限制，不依赖于是否感觉到自己具有爱的价值。他们认识到，人们必须将他人的行为模式与自己对爱的渴望与需求区分开来，爱情不会因为友好和乖巧而产生，也不会因为其他人为了适应我们的想象来扭曲自己而产生。如果你觉得在生活中缺少了能让你幸福的东西，其实有问题的是你的自律精神和对发展、拓宽以及开放的期待。如果你觉得理想没有实现，那么你缺乏的可能恰恰是勇气和坚韧不拔的精神，以便能承受不幸、孤独、空虚和苦难，而这些都是与内在的成长联系在一起的。这就是爱，爱能使你发挥出全部无限的潜能，爱能跨越界限生出同情与怜悯。这样的爱具有治疗作用，能使你自由——从早就在你生活中产生并长久存在的依赖性、内心怨怼、辛酸苦难、长久以来对关爱的追求中解放出来。爱的唯一真实目的，就是精神上的成长和个性人格的发展。在此种意义上，与伴侣分离，是一个大好机会。

“直到死亡将你们分开。”在今天这个充满变化的时代，我们总是不断地受到诱惑和暗示，我们的社会看起来变得越来越粗糙轻率，于是这句话就变得有了威胁的意味。一生与同一个人紧密结合在一起？难以想象。可这不就是我们大家都在寻找、想要得到的吗？我们内在的人性之核心寻找着长久深刻的亲密关系，但为了成长，为了实现完整合一，它同时又在寻找自由独立。这岂不是自相矛盾？对自己的个性特征和分离现状的接受，是使一桩婚姻发展成熟并使爱情成长的唯一基础。当我们无论如何想要摆脱时，对一种继续存在的关系的接受，为我们用心离异扫清了障碍。因此，用你全部的真心去分手，学习去爱昔日的伴侣，以便能彻底地与他脱离关系。

第 9 章

婚姻圣坛上的谎言

Liebe dich selbst und es ist egal, wen du heiratest

只有到了必须
商讨离婚的地步，
大部分人
才会真正做好准备，
去打开心灵
倾听对方。

你怎样才能在日常生活的现实中回归自我？你怎样才能发现自己真实完整的存在，并体会到自己体内无所不在的博爱？你的生活将如何重新变得生机勃勃？你的心灵怎么才能再次激荡？从你的角度，青蛙如何才能变成王子呢？你的婚姻如何才能变得趣味盎然？你只需停下脚步，中断片刻，就在你此刻所在的地方。你不需要做什么，也不必改变什么，就是简单地站在你现在生活的地方，坐下来，好好打量你周围的一切，就当你从没有见过这一切，你要打开自己，就像一个从没关注过你生活的外人一样好奇。下面就是最困难的部分了：你要诚实！此刻涉及的不是设计，不是想象，也不是征兆，而是你究竟过得怎么样。

你是不是已对拥有的一切都失去了兴趣？你的妻子是否让你感到无聊？你是不是感到焦虑，或许你丈夫已经有了外遇？你是不是虽然此刻坐在舒适的家中，心却在为你的情人而憔悴？是否有人知道你多么孤独？你是不是在如此抱怨你的生活：但愿其他人能知道……你是否按照规定认真地去做那些枯燥的工作，并履行婚姻的职责？你是不是怀着激情投身于忙碌的生活，并热衷于各种消遣？当你回到家时是否只是例行公事地发挥应有的作用？尽管你是最出色、最有成就的，你的生活是否仍然空空如也？你是否几乎实现了一切并得到了一切，却觉得一切都没有意义？是否没有人知道，你究竟过得怎么样？

眼前的幸福只是一个虚假的幻象

我曾陪一个女友经历了一个可怕的夜晚。那天她邀请了许多客人。一切都完美得无懈可击——客人、美味、餐桌的布置——只是整个晚上的气氛有些怪异，空气中似乎弥漫着令人不安的分子。最后所有的客人都告辞了，就连她的孩子和丈夫也都进入了梦乡。我们两个还坐在那里聊了大半夜。我的女友从心底里感到疑惑，她觉得自己被丈夫冷落在一边，已经难以承受所有的负担。她充满痛苦与厌倦地向我敞开了自己，神情中带着几分麻木。她的婚姻已变得使她无法忍受。这个夜晚她不断向我倾诉她的孤独、恐惧和沮丧。最后她甚至向我坦承，她怀疑丈夫另有新欢，因此越来越经常地想也许婚姻的结局已经不远了。无论如何她的生活和婚姻不可能照此再发展下去。

躺在床上，我无法入睡。我被她生活中巨大的矛盾搞得头昏脑涨、疲惫不堪：她曾是那种精力充沛的活跃分子，总是在忙碌着出门旅行、节庆宴会和拜访接待等；她从前是那种记事板上钉满邀请函的人；20 年前我认识她的时候，她就是个骄傲的女主人，受到所有男人的仰慕。她曾经很漂亮，很有天赋，又是几个孩子的母亲、社交界的明星。

我满心焦虑地问自己：我现在究竟还能为她做些什么？她头脑中对理想生活有着一幅完美的图像，多年来，她就像玩拼图一样，将无数的碎片拼贴在这幅图像上。现在大功告成，图像已经拼好，与她心里所期待的一模一样。而此刻她不得不接受这样一个现实：这一切没有一丝一毫是她真正梦想得到的。但是，我很清楚，她也不可能轻易放开这一切。

第二天早上，当我走进厨房时，她丈夫已经坐在餐桌旁，孩子们在厨房里嬉笑打闹。经过彻夜的苦苦思索，对女友的担心和焦虑使我头昏脑涨、筋疲力尽。我不由得向她和她的家人投去伤感而同情的目光。然而眼前的情景却使我几乎不敢相信自己的眼睛，只见她正围着餐桌四下忙碌，打发孩子去花园里玩耍。她看起来依然精力充沛，容光焕发。她一如既往，向我甜蜜地问候："亲爱的！怎么样？睡得好吗？"

我怀疑自己刚从噩梦中醒来，就好像昨夜我是跟另一个人共同度过的，似乎那个充满怀疑困惑的夜晚从来不曾存在。这天早上我试图去寻找真相，哪怕只是找到一丝一毫的真相，但我的努力都失败了。我的女友为丈夫做早餐，安排孩子们一天的活动，计划下一次的聚会，看起来似乎什么都没有发生。她已拥有想象中的生活，绝不肯为了内心的怀疑和真相，而轻易地牺牲眼前的幸福。但真相确实是治愈心灵创伤的唯一法宝。在她生活的情境下，最大的问题不是正在荒芜败落的婚姻，而是事实真相，是她和其他人已经在一段漫长的时间里适应了现实，不愿再承认令人悲哀的现状的事实。

你是否也生活在类似的状态中，你的内部世界和外在生活，就像一个生手在练劈叉，将自己的身体硬生生地向两个不同的方向拉扯。我可以断言，大部分人在长年的婚姻里，或多或少会一再置身于这种精神上的撕裂中。我们头脑中有一幅生活图像，而身边的人则为这幅图像制作了画框——所有现实中存在的一切，凡是无法放进画框里的，我们就会对自己、伴侣、朋友隐藏起来。我们对归属和与他人建立联系的需求如此强烈，以至于我们甚至在潜意识里做好了心理准备，宁可为此牺牲自己的生命。就像我的女友，宁愿忍受内在的枯竭死亡，备受自杀念头的折磨，却不肯让自己真实的需求与家庭和环境发生冲突。

你敢揭穿爱的谎言吗

生活中到处充斥着谎言和无奈。有些事你虽然不愿做，但又无法拒绝，于是只好随大流。我们买房买车，还要邀请那些对自己声誉名望和事业发展有帮助的人来做客。我们奔波忙碌，而对眼前这个职业并不满意。还有些事涉及生存问题，因而更显得至关重要：我们从事一项工作，可以挣很多钱，却因此再也睡不上安稳觉了。有时甚至婚姻也会掠夺我们的心灵：我们出于义务而与伴侣发生关系，随后却觉得自己被人利用而变得空虚寂寞。

糟糕的不是我们做了这些事，而是当我们面对自己和他人时，试图将内心的恐惧及其后面潜伏的一切都隐藏起来。而我们所做的一切，都只是为了能保持与他人的关系，为了继续得到爱和不被抛弃。然而这样做的结果却事与愿违。因为我们害怕他人看到自己的真实面目而不再爱自己，于是就只能以假象示人。问题是如果我们付出的是假象，那么得到的也只能是假象。随着每一个角色的成功扮演，我们的不幸也越来越深重。我们之所以不表达自己内心的感觉，是因为有些东西虽然存在于我们内心深处和生活之中，却不被外界接受，这导致我们不得不将生活变成谎言。这个谎言甚至可能发展到让我们无法承受，心灵备受折磨，随时面临崩溃。但不可思议的是，大部分人却宁可付出如此惨痛的生命代价，也不肯揭穿生活的谎言。

女友的生活和婚姻与她头脑中的图像十分协调，却与她的心灵冲突。我们头脑中的图像总是来自外界、家庭、社会，也来自教育的塑造和对亏损的恐惧。而我们的心灵则了解真实的需求。我的女友当时必须做的是放弃，摆脱自我控制，取消固定界限，说出内心的无助与脆弱……她应该与丈夫以及周围的人进行开诚布公的毫不妥协的对话，使他们能了解她的心灵和真实的本性。

这个过程在开始时，不论对自己还是对相关的人，都绝对不会是令人愉快的。如果我们敢于采取行动，打破得体周到、友好平和的外在包装，将深藏不露的真相展现出来，大部分情况下，我们就得有勇气面对滔天洪水将自己淹没的危险。现有生活中的一切都可能被撕碎。这股浪潮既不会在计划好的地方停下脚步，也不可能顾及外部的状况。

你敢说出一切吗

这股洪水曾这样淹没过我的生活：那时候，我丈夫举办了一个很大的生日庆祝活动。这个庆典对他来说很重要，意味着会与很多老朋友重聚。他的朋友们接到邀请，从四面八方赶来祝贺他的生日。当他因工作关系还在外面奔波时，我在厨房里为庆典做准备。这时，我感到十分窒息。这一天，一切都要做得格外漂亮：餐点要格外美味，气氛要格外欢快。为了做好这一切，我不得不格外努力，以达到比平日更高的水准，而我的努力最终却只能使我的失败处境显得更加明显。他还是不在家，与过去几个月一样。我还是不得不独自处理所有跟我们个人生活有关的一切。我还得扮演女主人的角色，与他的朋友们得体地周旋，以显示我们的生活十分正常顺利。然而，他们中没有一个人了解，我究竟过得怎么样。我必须漂漂亮亮的，做个标准完美的好主妇。但在此期间我的感觉其实极为糟糕，恨不得扔下一切，立刻逃离现场。

我刚刚摆放好小点心，点上蜡烛，安排好酒水饮料，把自己塞进漂亮的裙子里，泪水就已经在眼眶里打转了。我丈夫和客人们就要进门了，而此时我内心巨大的无助感和难以控制的莫名怒火，却随着时间一分一秒的临近而越来越高涨。丈夫和客人们相继而至，彼此寒暄着，这里一声哈罗，那里一个拥抱："好长时间没见了……"大家都在兴奋地打着招呼。我努力压制自己，发挥着女主人的作用。我希望还能像一直以来的那样应付过去，但这次却不行了。我不得不躲进厨房，以避免内心的火山无法控制地爆发，此时，人们还期待着我能继续扮演好友善的女主人这一角色。一个朋友走进厨房，诧异地问道："哎，你怎么啦？"她的话就像在大堤上掘了一个小洞，立刻引发了洪水泛滥。我再也无法控制自己，眼泪夺眶而出，呜咽中我大声喊叫着："我必须离婚，我必须离婚。再不能这样过下去了！"在这些话说出口之前，我甚至不知道自己有这样的念头。

这次生日聚会留在了记忆中，有些客人从此与我们中断了联系，但更多的仍然保持着与我们的友谊，至今我们大家还时常在一起欢笑。我在厨房发作之后，便躲进了卧室，在那里一心想着如何离婚的事情——这一切如同乌云滚过天空，迅速破坏了生日聚会的气氛。我丈夫在这个晚上面对外部的滔天洪水，只能带着内心强烈的愤怒退避三舍。然而，当他第二天恢复清醒之后，客人们也都离开了。我们婚姻中的一切都不同于从前了。

我终于说出了该说的一切，也提出了很长时间以来一直在我脑子里盘旋却始终不敢问的问题。从他的回答中我得知，他已经有了另一个人。他也了解到，我早就不想再跟他生活在一起。我们两人都觉得内心空虚心灰意冷，但同时又都害怕不得不做出决定。我曾无数次在头脑中算计，想了上千种解释为什么不能再这样下去了。但我却看不到任何希望，看不到还有什么能帮助我摆脱困境。

心灵才是我们真正的领袖

人们总要面对“要么……要么……”的选择。要么我留下来，就像一株脱水的植物，逐渐枯萎凋零；要么我离开，家庭将会解体，我从前的梦想就会破灭。自从认识我丈夫以来，我们一起实现了许多从前我独自一人不曾做到的事，因此与他一同完成对生活的设计，就成了我的梦想。我有一种感觉，自己正在缓慢地被撕裂，直到最终无法坚持控制内在的紧张而被其炸碎。我被迫放手，无法再进行分析，无法再谴责对方，也无法理解对方，更无法再理性地安排事务性工作。我坐在丈夫面前，所有的一切从我内心流泻而出——所有的感觉、担心、秘密、渴望以及我希望分手的悲哀要求。我说啊说啊，直到那股洪流自动消退了，然后我才能再次用流干了泪水的清澈眼睛注视着他，此时发生的事让我觉得很荒谬。我觉得与自己紧密联系在了一起，在经过了无限长的分离之后，也再一次与他紧密联系在一起。我们之间出现了深深的静寂，一种真诚的息息相关的温柔感觉油然升起。我们已很多年没有了这种感觉——一个温柔的声音在说："也许还可以，也许确实还可以……"

为了能再次表达自己的情感，我们不得不经历怎样的噩梦啊！但在此之前，我们两人谁也不肯自愿地有所行动。只有到了必须商讨离婚的地步，我们中的大部分人才会真正做好准备，去打开心灵倾听对方。大部分来找我咨询的人都正处在个人危机的顶点。我经常听到从他们嘴里说出诸如："我受不了了。我再也看不到任何出路。有时我就想干脆死掉算了。"他们的头脑把生活中的死胡同看作没有出路的绝境。而他们的心灵则正相反，把生死攸关的危机所引发的崩溃，视为一种减压的方式——将我们的真实自我，从索取和想象的狭小监牢中彻底解放出来。真相和感情的激流终于又获得了一个空间。

即便我们在社会上接收的信息是完全不同的，但我们的身体和精神只能是心灵的仆人。通过它们，我们的心灵能够得到表达，在这里心灵能够展现出真实的自我。哪怕它的声音轻柔微弱，很容易被世俗的嘈杂所掩盖，使我们难以听到，但心灵才是我们真正的领袖。可惜的是，我们的身体和精神多数时候已被现实的观点和目标所覆盖，无法再为柔弱的心灵之河留下流淌的空间。我们似乎是从内部抵抗自己，使自己窒息，变得闭目塞听。我们无法感知心灵的存在，在日常生活的消耗中，我们已无力再去倾听心灵的声音，更不可能做好心理准备去追随它。我们对现实有着自己的计划，头脑中有着固定的图像和期待，而我们的心灵却始终坚持，要求实现真实的自我，开发最高的潜能，发展我们的个性。它的唯一目标就是按照我们自身所拥有的完整的神性去进化。因此对它来说，无论我们如何功成名就，如何聪明绝顶，如何得到社会的认可，都是没有意义的。

生活逼迫我们越过障碍

灾难可以推动我们内在完整的神性得到发挥。如果失去了爱人、工作、家庭或健康，我们一定会伤心害怕，有很强的受挫感。从心灵的角度来看，这一切都与治愈创伤和成长机会有关。我的经历正是如此。我和丈夫在经历了那个悲伤但内心得到净化的生日聚会后，终于可以面对我们婚姻的真相。于是我们决定各自沿着自己的路继续走下去，不必向对方做出解释。那段时间是我们最痛苦、最沉默、最孤独的日子，也是最真实、最有疗效的日子。我们面对生活的残垣断壁，眼前堆积着无数垃圾。长久以来，在我们的下意识中都知道有这样一处废墟，但谁也不愿承认它的存在，我们每次都视而不见，沉默地绕过去，自欺欺人地生活在对婚姻的幻想中。现在伤口终于暴露，我们各自从一个角落开始清除废墟中属于自己的残砖断瓦。就如日后所认识到的，这个聚会成了我们关系的新开端。

生活不知要比我们聪明多少倍。尽管我们每天都感到自己陷入了困境，但如果我们退缩不愿放眼远望，如果我们不能听从自己的心灵，那么生活就会为我们寻找出路。通常它所选择的方式和办法，都不是我们所喜欢的。在我们还忙着回避问题时就已被直接逼到了悬崖边，甚至可能被推下去。生活逼迫我们去越过障碍——当然，只是在我们产生了信任感，确定自己能安全到达谷底时。它会将我们引导到最能使我们成长的境遇中去。

每个人都会通过这样或那样的方式意识到，在他的生活中会有什么从中途冒出来。对此我们或许期待已久，却不会带来我们希望的满足和充实。这就意味着，到了我们该做家庭作业或学习新课程的时候了。也就是说，我们必须停下脚步，鼓起勇气，诚实地关注自己的生活。多数情况下我们别无选择，只能找机会与他人进行毫不妥协但真诚的沟通。我们必须做好再次打开心扉的准备，坚持承担我们感觉到的一切。如果我们绕道而行，压抑内心的冲动和痛苦，或者被日常琐事缠绕，那么常常就会从外部发生一些事，迫使我们去启动重建秩序的程序，成为我们成长的机会。

这条路显然比我们选择逃避要痛苦得多。我这位女友日后也被迫走上了她不愿选择的道路，她终于被真相所压倒。到那时，与其说是发大水，不如说是世界末日的洪水泛滥。她虽然第一个感觉到路已走到尽头，婚姻已失去实际内容变得空洞无物，她和丈夫两人的心灵都已被深深遮蔽。但她却害怕与丈夫面对面发生冲突。因此她没选择与丈夫一起面对真实，面对她的恐惧与困惑，而是选择再生一个孩子。当她即将临产时，她的丈夫却说出了实话，他已无法承受婚姻的压力，为了另一个女人，他选择了离开。

事实真相让你美妙愉悦

即便在你看来一切出路和希望都已断绝，但请你仍然保持勇气。停下脚步，静静地看一看你生活的真相。事实就是，你的伴侣关系与你的梦想不符，或你的伴侣对你几乎一无所知；事实也可能是你再也无法感觉到爱，或你认清了伴侣身上令你厌恶和深受伤害的特性；事实还可能是你十分嫉妒，因为你对伴侣十分依赖；或你有时希望能忽视并甩掉你的伴侣；事实真相可能就是，你已经和另一个人一起，多次欺骗了你的伴侣，或你的伴侣已经和另一个人一起，多次欺骗了你；或者你与伴侣原本就是因为错误的理由而结了婚。

事实真相就是，如果把婚姻当作培养我们成长的场所来看待，那么所有这一切都属于伴侣关系发展过程中的自然现象，是我们治愈心灵创伤的天赐良机；事实的真相就是，指出真相需要勇气，也意味着必须持续不断地工作，而这种艰苦甚至令人难堪的工作，大部分人都不愿去做。人们宁愿坚持头脑中关于自己以及婚姻的理想图像。我们宁可今天到张家去吃晚饭，明天请李家来喝茶；宁可打打网球，集集邮票，或者玩玩保龄球高尔夫球……我们宁可让恐惧占据上风，也不愿进行深入的心灵探索，只因为那有可能引发令人不快甚至难堪的感觉。

我们的亲密关系当然应该带给我们幸福、快乐、精神上的享受和爱的赠予。但是只要我们不是处在如此美妙愉悦的状态中，就应该设法让自己和伴侣一同在婚姻中得到治疗，以便将我们带回到这美好的状态中。只要你感到疼痛，只要你觉得压抑或不满，就可以将亲密关系中这些不舒服的境况，当作得到治疗的机会来利用。

在此以查克·斯佩桑诺对真理的一段阐述作为本章的结束语：

> 通过你们的弱点，去发现你们的优势；通过你们的痛苦，去发现你们的兴趣与快乐；通过你们的恐惧，去发现你们的安全与保护；通过你们的孤独，去发现你们的能力，去经历实现理想、表达爱情与共同拥有的体验；通过无望，去发现真实的有理由的期待；通过童年时代的缺失，去发现今天的充实。

第10章

美妙奇遇与平凡生活

Liebe dich selbst und es ist egal, wen du heiratest

只有在这里，
在这一刻，
我能够决定，
就做现在的我。

我们渴望奇遇和冒险，渴望生命活力和浪漫激情。但在经过了10年甚至20年的婚姻生活后，这一切还怎么可能呢？一直以来，我们总是在设法适应对方、适应环境。我们脸上现出友善的亲密表情，努力让自己做得更模范，更尽职尽责；我们的工作得到更多的认可，在家里和职场都取得了里程碑式的进展。但与此同时，我们内心却梦想着遭遇陌生人，享受无限的自由、生命活力和冒险奇遇。我们的日常生活越是过得轻车熟路，我们四周由习惯构筑的栅栏越是厚密，我们就越是向往突破。或者我们完全退缩回来，按照普遍的观念去生活，变得越来越模范，越来越上等，越来越尽职尽责……直到有一天命运的打击突然降临到我们的头上：疾病、失败、丧失、分手、偶然发生的一夜情，闸门会在一瞬间猛然打开，滔天洪水会顷刻将我们淹没。一切的一切，包括我们的声誉、信任和安全稳定的生活，一切都会毁于一旦。我们会在一瞬间被抛出生活轨道，我们的日子会变得惊险无比，时刻危机重重，前途未卜。

那我们为什么不能有意识地去制造奇遇呢？请你不要再梦想或拼贴生活图像。我的建议是，过好你自己的日子。不要再想着逃避，就接受你现在拥有的一切，倾听自己内心的声音，感觉自己的存在——然后把你感知到的一切说出来。你觉得这听起来似乎无序混乱，其实不一定……如果人们到了忍无可忍时才将内心的气恼宣泄出来，那么爆发的怒火只会伤害伴侣和自己。因此最重要的是，我们要始终认清自己愤怒的原因并去体会它，目的肯定不是仅仅为了喊叫发泄，而是为了从我们内部，完全彻底地感受压力和负担的逐渐积累，尤为重要的是——请不要误解我的意思——我们这么做不是为了将怒气压制下去，让其在内心继续堆积。我们要做的是，确切地感知它并且接受它，这样它就会在我们的内部发生转变，而我们则最终可以将其作为推动力在生活中加以利用。

奇遇肯定会和情感一起回来

在第一次与来访者谈话后，我都会一再询问，我们的谈话是否都在围绕着核心问题进行。他们常常感到完全失去了对自己的控制力。长时间置身于僵化冷漠的生活状态中，已使他们迟钝麻木，而此刻，一旦他们重新获得与自我的联系，泪水就会不自觉地涌出眼眶，尽管此前他们从不流泪。令人惊讶的是，愤怒的爆发能够为你开辟道路，使你有机会冲出早已安排妥当、井然有序的日常生活，作为第一步，这是一个好的开端。内心的不良情绪往往已经积攒了很久很久，现在必须找一个突破口爆发出来，以便为新的真实可信的力量扫清障碍，让它自由宣泄。对于大部分人来说，就像长久缺乏体育锻炼一样，已意识不到对自我情感的过度控制使自己变得僵硬。可在我们开始进行锻炼的第一个小时，我们会感觉到全身各处像生了锈一般，僵硬不堪。我们很快就上气不接下气，最后整天都四肢酸痛，肌肉僵硬。

如果我们的感知系统在经过长期搁置之后再次启动，那么启动时也会触发我们内部的各种抵抗机制。我们要考虑到，这一过程很有可能会伴随出现恐惧、束缚和感情上的僵硬等不适现象。但我们的身体在经过一段时间的体育锻炼后，会变得生机勃勃。美丽和活力就是锻炼获得的奖励。如果我们坚持给感知系统更大的空间，那么生命活力、本质的真实以及心灵的平和就会回到我们身上。这些才是生命的能量，在我们内部运转并成为精神发展的推动力。如果我们放弃自我控制，减少主观判断而转向它们、接纳它们，那么我们就能重新完整合一。即便开始时它们如洪水般来势汹汹，我们也不必担心焦虑。请你想象一下，大堤崩溃固然可怕——但不管什么时候，洪水总有退去的一天——就是你的情感在经历了第一次爆发之后，也会渐渐归于平静，在一个符合健康标准的尺度上进行内在的运动。

奇遇肯定会和情感一起，回到我们生活中来——如果我们确实有勇气去接受它，并设法使自己能理解随之而来的信息，哪怕它表面上看起来很糟糕：眼泪具有治疗效果……愤怒能令人解脱……不管怎么说，那是我们自己的眼泪和愤怒，从此一切再次变得正常起来，哪怕其他人也被牵扯了进来。让其他人分担我们的感情，与迫使他们把注意力集中到我们身上，是完全不同的两回事。如果我们允许自己再次去感觉，就会摆脱对他人的依赖，并更多地承担对自己的责任。然后我们能更活跃地展示自己，而且不必再去寻找过错方和忏悔者。

我认识一位男士。他是一个活在自己感觉中的艺术大师。他很喜欢在大庭广众之下工作。当他出现在公众面前时，从来都不是简单地做个报告——他本身就胜过了千言万语。有时，他也被自己讲述的内容所打动，顿时便会潸然泪下。而在下一刻，他又会发自内心地和大礼堂中的听众一起开怀大笑。他整个人，就是他所讲述的。他满怀激情传递给大众的信息便是：把自己整个奉献出去，将生活赠予自己。当然，他也始终如此要求自己。

有一次我碰到他与孩子们在一起，尽管他有很严重的恐高症，但还是带着孩子们参加了跳伞活动。他的孩子们很长时间以来一直期待着去跳伞，希望能去经历冒险和奇遇。为此他克服了自己的问题，带领他们一起去跳伞。当然孩子们也可以自己去领略冒险的滋味，但他深知家庭结构和运转的规律，与其对一个选择犹豫再三难以决定，不如干脆领头去干。儿童的潜意识中有着好似成长阀门一样的机制，在内心深处他们不允许自己的发展超越了父母。如此他们在无意识中保持了家庭的等级秩序，并自觉地维护了与父母的密切联系。当他们日后想要超越父母进一步发展自我的时候，他们仍然会一再感觉受到制约，无意识中他们会抵制自己的成就，或者会在继续发展中不断将成就与愧疚联系在一起。正因为如此，他决定与孩子们一起，超越自己向前发展——这一行动，就为他在日常生活中造就了一次奇遇。

治愈创伤的唯一途径是沟通

只要我们重新找回勇气，超越自我并彻底奉献，生命就可以变得紧张充实，生活就可以成为冒险旅途，伴侣关系就可以更新并变得让人越来越满足。如果我们能完整地奉献自己，那就意味着我们能够完整地表达自己。我们展现的，就是此刻的我们。我们活在自己的内心深处，我们就是我们自己，我们本身就是实在而稳定的。为了做到这一点，我们必须首先重新开始与伴侣交谈，一起交流这些年来我们避免谈论的话题，以及那些因为恐惧而压抑下去并独自吞咽的苦果。治愈心灵创伤的唯一正确途径就是沟通与交流，分手却中断了沟通的可能性。大部分离异的人都无法再与对方交谈，他们或者心怀恐惧，害怕自己说出来的话，会被对方误解并加以错误的判断，或者他们出于内心的恼怒怨怼和失望不满而拒绝与对方交谈，将中断联系作为权力的工具。

据统计，普通的伴侣每天平均交谈的时间不超过10分钟。研究发展趋势的专业人士解释说，今天人们已经不会再长时间地坐下来探讨自己的伴侣关系。我们生活在手机短信时代。甚至婚姻和离异这样的重大决定，也是由短消息和电邮来传递的。但坦率而真诚的交谈在哪里？两人不仅仅是用头脑来交流，而且是用全部身心来参与，这样的时刻还会有吗？在许多伴侣间多年来实行的都是交流的变异形态：一个在说，而另一个却不在听。这样的情形就像是一条河流不断冲刷着大堤，感情在堵塞中郁积着、郁积着……总有一天，关系中的每一个人都可能要么彻底僵化凝固，要么最终以这种或那种方式爆发，跳出这层固化了的关系，让自己的生命之河得以继续流淌。

你不知道该说什么好？其实该说的，首先是许多家长里短的生活琐事。表面上看起来没有内容的细节，往往非常重要。你的妻子甚至从来不知道你最重要的合作伙伴的名字，你的丈夫不清楚昨夜你做过一个噩梦。跟你的伴侣谈论这些事情，告诉他，在这些事情中你的感觉！日常生活中最重要的问题是：“我希望我的伴侣如何对待我？”这个问题之所以重要，是因为它准确地告诉我们该如何对待自己的伴侣。对这个问题的回答，首先向自己指明了下一步行动的方向，我们该做些什么来治愈心灵的创伤，并重新激活我们与伴侣之间的沟通与联系。

一旦你再次或首次真正只为自己而出现在对方面前，你简直不会相信，你的生活会变得多么充实生动。你觉得，如果你最终大发雷霆，不再适应对方、不再友好；如果你终于说出你的想法，不再勉强自己；如果你下决心放弃所有的小谎言，因为这都是你为了让大家过得舒心而编的；如果你在下次聚会上，不想再跟同桌的人说些“今天天气很好”的闲话；如果你鼓起全部勇气对你的伴侣说，在你们的性生活中有什么是你不喜欢的；如果你无论如何都不能使你的伴侣满意，为了得到对方欢心而宁可选择死一般的和平，那么事情究竟会变成什么样子？就让我来告诉你：你的生活将变成一个奇遇……就好像你刚刚醒来。尽管许多恐惧会从下意识的黑暗中冒出来，有些感觉的浪潮会将你和你的爱从习惯中拽出来，但你仍然会觉得满怀希望，充满活力。

你在日常生活中可能遭遇的最大奇遇，就隐藏在平静的日子里。你从早到晚工作，财富积累越来越多，业余爱好也越来越多，却没有时间去享受闲情逸致。你的感觉是怎样的？如果你能享受平和与独处，如果你能将自己的生活调整得更感性、更深刻、更安静、更明快，那么你的生活还能激起多大的浪花？当你独自生活，开始时你可能觉得自己就像正在戒毒的瘾君子。你将迫使自己，不再为了别人而委屈自己。当你尝试与自己相处时，就可能很有些奇遇的味道。也许你第一次意识到，没什么能像你内在的躁动那样驱使你，使你的生活变得充实。当你终于找到了安静的时候，也许你又会被自己的恐惧所压倒，你担心会被抛弃、挣的钱太少不够生活。如果你能在这样的时刻忠实于自己，并学会不断寻找安静，努力保有它，随着时间的推移，你内部的一些东西会变得越来越稳定。突然间你会发现，在和从前一样不稳定的情境下，你可以体会到较少的要求以及相应较弱的抵制。你不必再总是被驱使着去追求什么，也不必始终做第一。

我在这里想要说的是，让我们与自己和他人共同分享自己的感受，尽可能地保持自我。如果我们感到伤心，那我们就是在伤心；如果我们感到幸福，那我们就是置身幸福之中。没有什么感觉是一成不变的，我们无法抓住它，将它固定下来，也不必去压抑它、排斥它。我们的目的就是每时每刻与自己保持联系，以便自然地去了解和表达我们内部正在发生的变化，完全不带任何偏见和羞愧。同样重要的是与生活的联系，我们应该接受生活此刻在我们眼前展现的一切。即便是痛苦的，我们也不应回避，因为其中包含着更深层的意义，使我们能够去寻找成长的机会。

就生活在这一刻

就在这一刻！如果你能正视现实，坦率承认一切都不是你想要的。如果你由此出发，接受眼前不完美的现实和不被所爱的感觉，并已准备摆脱旧有怨恨，谅解往日伤害，那么就会有值得关注的事情发生：你抵达了目标——就在你的生活中，就在这一刻，就在你身上。此时此刻，问题消失了，这里一派和平景象。

为了真正抵达这一目标，我们必须将逻辑和理性置之脑后。即便我们曾被欺骗、抛弃、伤害过，但现在，就在这里，在这一刻，一切都归于正常——我们无法用理智去理解深层的真实，我们只能从内部唤醒。你只能从内部了解它的信息。你可以敞开自己去迎接它，却无法主动去完成它。

在日常生活里，我们可以在两个领域中让自己去了解这种真实：当我们与自己的孩子玩耍时以及在性行为过程中，我们都希望自己是好母亲和好情人。如果我们完全说实话就会知道，没什么比做到这两点更难的了。有意思的是，其原因就在于，性游戏如同孩子的游戏，行为的目的从来都不是为了得到，而是为了存在。谁试图得到乐趣和满足，就决不会抵达目标。很多时候孩子们站在面前瞪大眼睛看着我们，而我们却束手无策。其实他们并没有期待得到什么惊喜，他们只是要同我们一起打闹嬉戏。当我们特别想当一个出色的情人时，会突然感到羞愧与紧张。

情欲如同孩子的游戏，几乎没有任何目的，却很难控制，你不知道它什么时候会从内心冒出来。如果你放下想要得到并做得更好的包袱，就可以获得更多的乐趣，体会到更深更近的感觉。不久前我在跟一个咨询者谈话时不小心直接说了出来：“如果你想知道，在一段稳定亲密的关系中，你扮演了怎样的角色，那么就仔细看看，你是怎么跟你的孩子们玩耍的。”当我们一心一意地想成为父母时，当我们确实想体验强烈的兴趣与满足感时，那么我们就必须在这一刻重新学会生活。

实际上我们仍然在以某种方式进行着狩猎，试图去猎取我们自认为缺乏的东西。也许你觉得，我这么说有些夸张，你本人就十分满足。但人类的生活就是为了进一步发展，为了收获。继续发展和进化，是人类的原动力。可是想要得到收获，却是问题的所在。它引导我们偏离了这一刻，偏离了日常生活，从而脱离了无数可能发生奇遇的游戏场。我们中谁会简单地游戏人生？如果一个人刚刚被骗或丢了工作，他又如何接受这些倒霉的事？谁不愿起程去寻找财富和继续发展的机遇？谁想让自己随波逐流？我们都在奋力划水，却不一定能抵达我们预定的目标，不是因为河流的方向不适合我们，就是因为它的速度。

我生命中的每一次走投无路和顽强抵抗，事后来看都给我带来了祝福与幸运。但我知道自己付出了多少时间与代价才最终理解了其中的含义。如果我们没有得到想要的，立刻就会期待其他的。我们能感觉到自身内部这种出于恐惧和缺乏的牵扯，于是我们更需要去猎取成就、身体的愉悦或自我认同。此外，我们迫切地希望并祈求，我们能从中得到幸福，或能从恐惧与缺损的感觉中解放出来。但无论我们如何努力去尝试，所有的解决方案都是暂时的，而且向我们索取得更多。我们几乎总是在和自己赛跑，因此我们永远也不可能取得这场比赛的胜利："只要我先得到了这个，或者改变了那个，然后……"可惜我们几乎还来不及实现"然后"，就会对自己说："只要我还能得到这个，或者改变了那个，然后……”如此这般，我们总生活在想象的未来中，而从没生活在当下。

但是，只有在这一刻，现在，这里，存在着实现自己愿望的可能性。只有在这里，在这一刻，我才能够决定，就做现在的我——全心全意地去接受一个完整的现在。只有在这里，在这一刻，我可以深入地感知自己，去体会自我中的善良本性，而完全不去理睬我的现实生活中正在发生什么。理性总是在向我们示意，我们不可能现在就得到幸福，我们必须去未来的幻境中搜寻那扇通向幸福的大门，而且首先还得发生点儿什么不可思议的事情，我们还需要时间，以便去理解、学会、解释、结束、解决或者发现这个那个，以便能使我们成为或拥有这个那个。这样我们才能最终幸福、满足、充实地生活下去。然而事实的真相是：所有这一切，都不能带给我们比现有的内在更多的满足与自由。

生活在对上帝的信赖中

为了能从现在做起，我们应该每天很实际地锻炼自己，仔细搜寻检查自己所有的判断、期待和观点，学会发现并考虑摆脱其中的不真实，或至少找到与它们和平共处的可能性。一个最重要的原则是：也许一切都不像应该的那样，但一切都是有意义的！这就是对上帝的信赖。我相信，生活中的一切都不是按照我的想象发生、发展的；但当事情过去之后，总会显现出它的意义来，而且是更高层次的意义。我们每天都在奔波操劳，再也感觉不到自己，并忘记了自己所属的更大存在。

如果我们在生活中慢慢体会内心的感知，就能做到偶尔脱离具体的现实，而为解决问题创造一个空间，在那里我们可以停止斗争。只要我们还在奔波劳碌，就没有任何心情和空间去体会倾听。但为了能真正得到帮助，我们必须首先打开心扉。然后生活才可能重新恢复运转，回到自然秩序中去。随后等待着我们的是下一个不那么困难的练习：意识。问题不在于你做什么，而在于你用什么态度和方式去做。

在生活中我们做事时几乎都是心不在焉的。不论在哪里，不论做什么，总是人在心不在。如果我们根本不在现场，怎能真正感觉到发生的一切呢？我们如何知道自己究竟需要什么呢？当对上帝的信赖进入我们的生活，我们的感知和直觉就能重新找到它们的位置。于是我们又能感到自己身体的需要并满足它。工作时我们努力经营自己的事业，并自问：我从中得到乐趣了吗？我在这里可以做出有意义的事情，并让自己和他人都能继续发展吗？我们保持清醒的头脑，坚持走自己的路，坚信生活中出现的一切，不论过去还是现在都有意义。因为上帝不是一个确定的人物，而是一种生活态度。生活在对上帝的信赖中，就意味着相信奇迹，相信生活的状况会有改变，因为我们在改变。

能够为迎接奇迹而打开心扉的人，能够坚持在困难时继续信赖自己内心的人，既不会生活在混乱中，也不会整天沉浸在白日梦中，更不是自我中心主义者。他们有明确的生活目标，在以真面目示人的勇气逐步增强的同时，他们待人也将更加慷慨宽容。道理很简单：如果你给予对方的是一个真实的你，那你就能按照对方的本来面目接受他。这并不意味着你肯定能从对方那里得到更多，而是说你能体会和接受得更多，因为你对他是完全敞开的。

生活在对上帝的信赖中，你能感受到越来越多的平和安宁。随着时间的推移，伴侣生活对你来说变得越来越成为生命的中心——但这并不是说你可以期待在其中找到一个能使你特别满足的对象，因为它已成为一块最吸引人的试验田，你可以在上面寻找、发现自我，并在此向另一个人最真实地展现自己。你越有勇气保持真实，越是学会相信对方是你最惊险的奇遇，能使你此刻的生活变得丰富生动，你就越能与对方分享你的爱。我们的伴侣可能有时对奇遇感到陌生，但他仍然能够提供各种机会，让我们的爱情茁壮成长。

如果我们能像这样学习，了解如何去爱，我们就会获得全新的生活质量。我们就能体会到，人与人之间的关系是相互影响、相互转化的。我们就能真正享受生活，并与我们身边的人共同构成丰富多彩的世界。如果我们能如此生活，我们就会用全身心去拥抱生活，并能全心全意地付出，用饱满的心灵去生活。但如果我们的心灵无法从外部世界、各类事物、各色人等甚至我们的伴侣那里得到充实，它又怎能变得饱满？答案就是：我们自身爱的源泉不是来自外部世界，而是与我们内在永不枯竭的神性相连接。

请允许我在此做一个断言，到底你的心灵能敞开到什么程度，恐怕你也完全没有概念。我今天的婚姻已与10年前的没任何关系，如果我和丈夫继续沿着这条路走下去，我还是不清楚我们之间和各自的心灵中存在着哪些可能性。

我的诊所曾来过一位成功男士。他问："我到底有什么不对劲儿？为什么我的妻子、3个孩子和我的事业都不能让我感到满足？"他告诉我，他几乎每天夜里都会被噩梦惊醒，同时完全丧失了生活的乐趣。他心里只有一个念头：逃离这一切，让自己秘密消失。之后没多久，他就卷入了一场官司，他的全部财产和公司信誉都面临着丧失的危险。我们还没找出令人满意的答案他就离开了，显然在他心里，报复的念头与恐慌的侵袭纠缠在一起。后来我了解到，他失去了自己的公司。大约过了一年，他突然又出现在我面前，身材变得更胖了，面部表情则柔和了许多。就像第一次那样，他还是那么出其不意地告诉我："现在我明白了，我其实一直活在对生活的恐惧中。"

"在这一年里我了解到，生活不是为了伤害我而存在的，它热爱我们所有的人，就按照我们的本来面目爱着我们。生活确实热爱我们，它给予我们所缺乏的课程，教导我们成长，不论它给予我们的教训看起来多么沉痛。生活比我们能想象的要聪明得多。如果我们能开始理解生活，我们就能发现，生活其实只想让我们成长，让我们实实在在地找到平和与安宁。"当他向我讲述这些时，他已失去了在以往生活中建立的一切，而且还没有看到新的发展前景。但他的家庭与他亲密无间，比以往任何时候都接近。

第 11 章

宽恕——你无法改变任何人

Liebe dich selbst und es ist egal, wen du heiratest

我们越减少
对完美的刻意追求，
也就不会那么
在意
别人的判断和态度。

“宽恕”这个词听起来好像是从久远年代遗留下的一片碎屑。

如果说有什么能迅速有效地改变你的生活，并深入治愈亲密关系中的伤痛，那么除了真实便是宽恕。宽恕在这里的意味，与大部分人平常使用的意思肯定有所不同。在我们以成就确定价值的社会中，宽恕多少是与慷慨高尚、舍己为人或道德准则一类概念相联系的。而我的经验表明，宽恕即便不拥有最强效的医治能力，也是十分权威的。

由于在亲密关系中，时刻会出现争夺权力的斗争、不顾对方解释而断然下结论以及彼此间的伤害等现象，因此没有宽恕，就不可能真正改变两个人的关系。所有伤害，都会在你与伴侣间不断出现，并随着时间的推移而逐渐凝聚，堆积如山，并横亘在伴侣之间。因此，宽恕在此不是道德理想，也与慷慨高尚或施恩不图报无关。真正的宽恕具有解放的功能，如同一次规模空前的心灵大扫除。真正的宽恕也是一种与生活相处的极端方式。我在本书中将宽恕作为确实具有帮助功效的手段来表述，这就要求人们改变对宽恕的看法，将外在的宽恕开始转化为内心的宽恕。请你花一点儿时间来做一个小小的实验：

请沿着你的记忆隧道回到过去，直到出现曾使你受伤害的一个场景。也许是有人没关照你，或在你背后捣鬼欺骗你、背弃你；也许你觉得自己被利用，或当你困难时所有人都袖手旁观。就让你自己重新回到往日的这个场景，重新体会当时委屈痛苦的感觉。在你的脑海中是否出现了当时的图像？你的心中是否体会到当时的感觉？是谁伤害了你？当时究竟发生了什么事？现在是否有恼恨、愤怒、麻痹或恐惧从你心底渐渐升起？你的身体是否也感到了紧张？你的腹部和胸部是否有痉挛的感觉？是否有什么使你的嗓子收紧？你的后颈是否变得僵硬？你是否觉得内心出现了攻击的欲望？你觉得自己变麻木了吗？你是否会变得狂野而愤怒？

再给自己一些时间，以便能完全地进入曾经体会过的感觉中。当你回想起过去的伤害——它发生在你的身上，你的内部肯定会出现什么变化。让自己保持清醒意识去感受内心变化的过程。所有的记忆、伤痛、愤怒、麻痹、僵硬或怒火，一切的一切都再度发生在你身上，而不是发生在伤害你的人身上，也不是在外界的什么地方。眼前这一刻，其实什么也没发生，只不过是我在向你提一些问题。产生变化的只是你的思想、内在的画面、情感、身体的紧张度。当你想起往日的伤害时，是你自己再度陷入痛苦中。而你过得不好，是因为你仍然感觉受到了伤害。

在你和伴侣之间肯定会有不愉快不舒服的事情发生，也许你遭受了打击，感到疼痛，甚至在某一刻疼痛到无法忍受。也许每当你想起当时的情形，就会觉得好像有无数的尖刺在扎你的心。如果我们受到了伤害，重要的是坦诚接纳痛苦，允许气恼和怒火上升并发作。但为什么我们总要这么回想过去来伤害自己呢？为什么我们还要一再如此重复地去做呢？其结果是我们只会一再伤害自己，耗尽自己的力量和信念，并使自己依赖于不同寻常的事情和人，让自己去等待奇迹的发生。

宽恕是医治内心创伤的良药

大部分人似乎有受虐的倾向，津津乐道于咀嚼品味往日伤害，以及与之粘贴在一起的伤痛。所有的记忆、痛苦、麻木、愤怒，都会被我们一再翻捡出来、细细回味。但你费力扒拉出来的陈年旧账只保留在自己的心里，连一星半点都不会出现在伤害你的人心里，更不会影响他的生活与情绪，你也不可能在外界找到它们的任何蛛丝马迹。你因无法自拔而感到难过，其他人此时此刻却根本就不在这里。只是你自己在头脑中想着，他以前曾经这么对你做过，或者可能再次这么做。于是你感觉自己过得很糟。

“当然了！”你会这么说，“我当然会感到难过了，我当然会觉得受了伤害。说到底毕竟是我的伴侣欺骗了我，侮辱了我，而且他从来也没有管过孩子。”你觉得，由于以上事实的确存在，于是你便有充足的理由去心怀怨怼。但你是否乐意过得不好呢？我知道，这问题听起来似乎很荒谬：你真的没有在自己过得不好的感觉中体会到一些乐趣吗？当事情涉及我们对情感伤害的反应时，没有人会鼓励我们，或直接向我们提出这样的问题。宽恕首先意味着内在的融洽与和谐。人们总是不断要求自己和他人服从旧的生活模式以及对方的索求，这就必然导致纠纷。如果我们能做到宽恕，就能从中摆脱，获得自由。宽恕就像解药，能化解我们内心紧贴在一起的愧疚感、暗中的恼怒、自我仇视和主观判断。

针对宽恕医治精神创伤的效果，美国一项最新研究成果表明，原谅有助于身体和精神的健康，并且是可以学习的。这项研究得出如下结论：持续不断的恼怒有损健康，并妨碍人们继续健康发展。而谅解则相反，具有治疗作用且能够激发新的生命。近 260 名志愿者接受了斯坦福大学弗雷德里克·鲁斯金博士的邀请，他们被分成 6 组，各自进行了 90 分钟的训练，以便学习宽容。在谈话治疗中，志愿者可以讲述自己的精神创伤，也可以去听关于宽恕的报告，或在内心与伤害、冒犯过自己的人进行对话。在项目结束时，志愿者无一例外地说，他们感到的痛苦已经少于之前。实验也证明，紧张能导致出现心理或生理症状，如背痛、失眠或胃痉挛等。此外，志愿者中的许多人表示，他们在今后面对类似情景时将继续采取宽容态度。项目负责人弗雷德里克·鲁斯金博士认为，原谅表示一个治疗过程的开始与结束。谁不能宽恕，就会牵制大量的精神能量，在愤怒、报复思想、仇视、不满和暴躁中消耗自身的力量。而原谅则相反，它能给人机会，去解除过去留下的束缚和羁绊。

也许你能通过这项研究结果得到启发：能够宽恕，我们就获得了摆脱过去折磨的权力。停留在愤怒中，并继续寻找过错方，就会扼杀回到自我并抚平伤害的可能性。伤痛并不仅仅停留在我们体内，如果我们不能接受、消化它，如果我们陷入愤怒、不满和恼恨中不能自拔，那么，它还会随时间推移使我们更加僵化、麻痹，并使我们心情沉重、意志消沉。最有效的清除工作就是与它彻底告别。对我们人类来说，重要的是能够适当伤悼痛苦的经历与感受。只有通过这一途径，我们才能从疾病中康复，摆脱羁绊，并开始新的生活。如果我们不能感知伤痛，不能充分地体会并祭奠它，最终宽恕它，就无法完全治愈内心的创伤。

用全部力量关照自己

在前行的路上隐藏着各种变化多端的陷阱，你一定要小心，避免掉进去。你也不必硬充好汉，将内心的痛苦与往日的伤害一并抹杀，要知道，这其中也包含着对他人行为举止的理解与接纳。

善良与高尚有可能将正在发作的伤口挤压成内在的毒素——没有经过葬礼而遗忘的不良情绪往往会导致沮丧和抑郁。高昂着头，对别人以恩人姿态自居，显示自己不计较，大度地对他人表示原谅，甚至否认自己受到的伤害，这都与宽恕无关。宽恕更多地取决于立场的彻底转换："我不愿再接受并扮演奉献者的角色，也不愿再觉得自己过得很糟，因此我决定放弃这一切，从此用我全部的力量去关照自己，去走自己的路！"谁能做到这一点，就能够不再纠缠于往日的伤害中，并开始与自己当前的生活和解，按照它此刻的状态接受它。如此宽恕，开始会很不容易，却很有疗效，重要的是人们是为自己这样去做。

如果我们能认识到，那些使我们长久以来难以接受的感觉，并不是由于他人引起的，也不是他们的过错，那么我们就向前迈出了一大步。即便表面看来我们的不良感觉确实是由他人过错所引发的，但我们对已发生的事情所采取的反应，以及内心出现的感受，往往超不出我们内部存在的因素所决定的模式。大部分正在发作的委屈伤痛，都不过是原有伤口缺乏处理而不断重复出现的反应而已。它们一直在等待一个刺激信号，以便能从潜意识上升到我们的显意识。这是人类进化的一个成果，这样一种机械装置，能以如此完美的方式去设置生活：所有的痛苦、伤害、武断结论都会在适当时浮出水面，以供我们治疗之用。所有的矛盾与冲突、意外与事故、进攻与侵犯都折射出我们自己的精神状态，或者说，它们都是我们自己思想、行为以及冲动的结果。

宽恕并不意味着我们要将他人的过失揽到自己肩上并承担起来。我们所遭遇的一切，只是在提示我们，在内心深处还存在着伤害，并说明其规模与范围。我们应接受内部与外部的这种关联，而不是追查过失责任。由此我们最终就能得到更多理性、力量和责任，并能从整体上感知自己。

在我们与他人的关系中，有一点是十分重要的：我们必须找出自己存在的负面精神状态并认真考察其根源。找出自己的伤害标记，对每个人来说都是最不容易做到的。只有我们自己能判断，是什么使我们患病？我们认为什么是负面的，并与我们的感觉相联系？因此我们必须学会去认识，我们是以何种方式造成自己个人的痛苦，其中我们对于他人和环境有着怎样负面的观念。如果你认识不到，为什么你会一而再、再而三地重复同样的行为，而且一再无意识地去做，那么你就无法了解，为什么你的生活会变得如此沉重、如此困难。你会将造成问题的责任归咎于他人和他人的另一种存在，特别是归咎于伴侣、父母、孩子、上司、邻居等。

我们无须完美无缺

没能宣泄的怨愤、对过错的追究、对自己和他人价值的衡量与判断，都是能腐蚀我们生活的毒素。隐藏在对他人断言后面的，正是对自己的攻击。因此我们的精神也需要定期锻炼，这有助于我们经常对自己的惯性思维和观察事物的方式进行解毒清理。而清理的最佳陪练就是父母。为了练习解毒和宽恕，我一直认为，父母的作用，不是为了让我们满足，也不是为了一贯地支持、帮助我们。父母能起到反作用力的效果来平衡我们的生活，帮助我们锻炼、增强“精神肌肉”的力量。如果你总抱怨自己的出身，那么请问一问自己，什么样的力量能首先在你身上得到发展？当父母存在某种不足时，在你身上是否就会必然相应发展出足以弥补的能力？也许你甚至应该因此而感谢你的父母。

在其他文化中，如此达到平衡的方式，已成为生活的一个确定部分。比如，美洲印第安人将某些部落成员崇拜为“超人”。他们的行为方式，正好与部落的其他成员相反，其目的就是让整个部落永不忘记，“正确”与“错误”的概念都是相对的，原本就是人为制订的。在印度，非暴力主义正是以接受人有可能犯错误的事实为基础建立的。甘地认为我们的对手分为内部和外部两种，我们必须设法在两种对立中寻找一种折中的和解之道。

如果我们不能在开放的状态中公正宽容地对待他人，我们就会成为自身超出人性的各类苛求的牺牲品。在我们内心潜藏着许多诸如此类的自我价值判断：“我不能犯错误，我必须绝对完美，或必须将自己完美地展现出来，否则其他人会认为我是个没用的废物。我还不够完美，所以我需要别人的认可。如果他们拒绝了我，我就变得一钱不值。”如果我们能学会去接受这样的观点和事实——我们并非完美无缺，也无须完美无缺，那么我们就能改变对他人求全责备、事事力求完美的生活态度。我们越减少对完美的刻意追求，就越能放松自己判断的苛求度，也就不会那么在意别人的判断和态度。

乌塔总是害怕其他人会在背后议论她。每次说起什么，她都会暗示对方，人们不该对这个品头论足指手画脚，或者自己和朋友说的话可不能让其他人听了去，这些不能让任何人知道。每次与人约定见面她都会陷入矛盾，并想方设法保密，不让别人知道。乌塔对各种可能的造谣诽谤者都始终保持着高度警惕。如果谁一定要跟她见面谈话，得费九牛二虎之力才不至于被她的判断和指责误导。几乎没有什么不受到乌塔的批判甚至毫不留情的价值评判，她怀疑外部的一切。最重要的是，对于过去遭受的委屈伤害，她一直耿耿于怀，不肯宽恕。假如乌塔从旁观者的角度观察自己，她一定会将自己当成最大最冷酷的诽谤者、嚼舌者；假如乌塔能诚实地感受一下自己，她就会看到，她内心埋藏着多少焦虑恐惧、不安全不确定的感觉以及完美主义的标准。假如乌塔能向自己敞开心扉，她就能感受到其实她是多么渴望接近他人，与他们建立坦诚的关系。

宽恕首先对我们自己很重要——尤其是针对我们的自我拒绝，以及出于理想主义和完美主义而苛求自己的人生态度。如果我们不清楚应该对什么表示宽恕，那么开始只需做好心理准备，然后需要有奉献精神，并不断锻炼自己。你可以通过伴侣、父母、上司、同事来做练习，首先在他们身上实现宽恕的最基本精神。这不会在一天里完成，但只要迈出尝试的第一步，你的生活和伴侣关系就会更和谐融洽。要是你想知道，自己是不是做了足够的练习，那么就直接感受一下自己的内心，你会马上认清什么是真正的宽恕。你内在的什么东西正在软化，紧张在逐渐缓解，你会感觉越来越平和安宁。你看待他人和事物的角度在改变，你感觉自己经过了清理——变得宽松自在、轻盈舒畅并且充满动感。新生就在眼前。

做好宽恕一切的准备

我们梦想着奇迹发生，期待着我们的亲密关系由此焕然一新。但世上唯一可能发生的奇迹，就是宽恕。我们每时每刻都可以选择这个奇迹。每时每刻都可以做出决定，是继续陷在悲伤烦恼中不能自拔，还是将整件事情彻底抛开。选择就在我们手中，究竟是想要又滑又黏的青蛙皮，还是想要令人心醉的王子心。我们随时都能下定决心，抛弃往日的积怨。奇迹就存在于角度转换之中，发生于对新视野的开放中。

如果你察觉自己无法独立完成这一任务，无法独自一人与他人建立和谐关系，无法凭一人之力改变看待问题的角度，那么你就祈祷奇迹的出现吧。你必须做的一切，就是做好宽恕的心理准备——哪怕你现在还做不到。坦率承认自己目前还不具备足够的力量，去摆脱断然下结论和追究责任的固有模式。有意识地去认清你内心不断燃烧的熊熊怒火，了解到它会阻止你选择爱和宽恕。请你做好准备，宽恕一切。请你与内心最深处的神性保持联系，并相信你会得到意想不到的帮助。即便你现在仍然很不满意，即便你的心无法独自找到安宁，你还是可能经历奇迹。你只需坚持祈求。只要你有一颗愿意宽恕的心，就足以呼唤整个宇宙天地的帮助——因为，“地球上最神圣的地方，就是能够将往日的仇恨转化成今天的爱的地方”。（摘自《奇迹课程》，纽约哥伦比亚大学教授海伦·舒克曼和威廉·塞特福德合著的宗教心理学著作。——译者注）

第12章

秘密的情爱后花园

Liebe dich selbst und es ist egal, wen du heiratest

情爱浑然天成地

发自我们的内心，

并投向另一个

我们为之敞开心扉的人。

今天早上，当我从睡梦中醒来，感觉自己完全沉浸在爱的怀抱之中。我知道，这话在某些情侣耳中显得多么庸俗虚假，却正是我此时此刻的真实感受。

就在我清醒过来时，仍然可以逐字逐句地听到一首情歌，歌词描绘的恰恰是整个早晨我内心的感受，就好像一股温柔的浪潮舒缓地流过我全身。我从暗夜滑入白日，立刻再次感受到一股舒适惬意的洪流在身体内部泛滥。我闭着眼睛，静静地躺在那里，愉快地体会着浪潮在体内汹涌流动的感觉。在温暖柔和的水流轻拍之下，身体的各个部位似乎都在隐隐发痒。我全身似乎充盈着无限的生命活力。不知过了多久，我才不情愿地睁开双眼，但此刻放眼望去，整个世界看起来也生机盎然。花园中秋天的树叶色彩斑斓，似乎比平日更加充满活力，更加饱满。当我早上在林中跑步时，泥土的芳香也似乎更醇厚浓烈。我的脚步越来越慢，不知什么时候，我已经放弃了奔跑，以便能一步一步地踩在林中土地上，仔细体会着脚下柔软的感觉，同时也为了更仔细地查看秋叶树影婆娑的色彩。一个念头在我的脑海里不断地翻滚着：“通过我的身体，一切都是可能的！”

最具决定性意义的是相爱

是什么导致了如此美妙的状态：我和丈夫经过整整两天的紧张对峙之后，终于战胜了往日的阴霾，此刻拨云见日再次全身心地结合在一起。我们的身体彼此相爱。最具决定性意义的是“相爱”这个词。我在此强调的不是性本能，而是情爱。我们双方体会并感受着对方的伤痛与执拗，直到再次从中发现对方真实的自然天性。我们在一起长久地情意缠绵，我们的精神、心灵以及整个身体都完全得到了爱的滋润与充实，并彼此和谐融洽地结合在一起，直到治愈心灵创伤的情感电流再次在我们之间畅通无阻地流动。

我们知道，自己对对方的爱出自内心的最深处。我们早就清楚，像这样紧张对立和争执不休的日子，也是使我们彼此紧密相连的时刻。就好像我们都处在幻觉状态，似乎在对方身上看到恶魔的影子，听到撒旦的声音。我们也明白，对方无法为我们自身感到的紧张压力负责。我们深深了解，之所以会这样是因为我们此前没有处理好自己的关系：如果我们有太多的事情、太多的问题要一下子处理；如果我们一心想扮演好自己的角色，迎合外部的要求甚至苛求，我们就可能陷入紧张状态，并危及我们的亲密关系。我们已认识到，如果我们完全没时间去“游戏”、去打开，我们就会彻底枯竭并变得脾气暴躁，使人难以相处。我们能够清楚地看到，如果我们像机器人一样每天按部就班地完成任务，而不会用自己的眼睛审视生活，同时用心去体会并接纳对方的话，将会发生什么事情。我们早就知道，如果我们只是就具体要处理的事务交换意见，而忘记了去了解对方究竟感觉如何，那么我们就会由此失去与自己、与对方的联系，最终失去与爱的联系。我们知道，长此以往，当紧张程度终有一天令人无法忍受的时候，我们就会爆发。尽管我们对这一切都认识得清清楚楚，彼此之间还是会不断发生不愉快——即便每次爆发间隔的时间会越来越大。

与此同时，我们已经历了相当多的锻炼，学习如何穿过下一个深谷，如何跨过下一个战壕，并最终尽可能保全自己，尽量减少伤害。就像这一次，在两天里我们的紧张度越来越高，不断为一些鸡毛蒜皮的小事争论不休。我丈夫不断高悬免战牌，一再回避矛盾，而我则穷追不舍，纠缠到底。随便什么无谓的小事都足以使我们变得像两头暴怒的狮子，彼此混战在一起。当我在争执中冷静下来时，便尽一切可能试图去感知，究竟是什么要从潜意识的深处上升到显意识中来？究竟什么是我们需要治疗的下一个旧伤痕？于是我最终明白了，几天前在我们中出现的裂痕是什么：那天我们一起去跳舞，但当我们站在舞池里时，却觉得有什么不对劲儿。我们虽然是在跳舞，但我们的身体只是按照惯性机械地运动着，一切都是例行公事，毫无激情——我们之间没有任何情感的碰撞。当我丈夫终于离开舞池，并开始环顾四周的时候，我寻找着他的目光，顺着他的视线看去，我感到自己的身体变得紧张起来。他的目光注视着跳舞的人群，但对一切都无动于衷。我们努力尝试，却无济于事。更困难的是，我们无法就这一状态的出现交谈，只是试图置之不理。

从这天晚上起，我们之间突然开始了牢骚抱怨、吹毛求疵与逃避躲藏的战争。经过两天的拌嘴怄气大发脾气，到了第三天，我们终于可以坐下来探讨两人之间究竟发生了什么事情。一步一步，我们逐渐梳理着事情的脉络。每个人都说出了自己当时的感受，究竟自己觉得缺少了什么。随着我们交流的深入，导致战争的原委终于从厚重的帷幕后面渐渐显露出来。原来我们双方都因为这个失败的夜晚而感到不踏实，我们感到自己被对方拒绝，因而产生缺陷感。所有这一切，我们自己当时都没有一丝一毫的意识。

这次谈话，如同蘸了碘酒的棉签擦在流血的伤口上，虽然对于清理和净化心灵很有必要，但伴随而来的却是锥心的疼痛。只要我说出一个不合适的词来，我丈夫马上就会严阵以待；他的一个釜底抽薪、退缩逃避，就会引来我的痛打落水狗。我们置身在过去的历史中，因为家庭和情感的毒素而折磨自己。但是我们已经经历了无数锻炼，早已学会在痛苦的同时去寻找我们的爱。于是，当我们该睡觉的时候，两人都怀着坚定的信念，决不把白天的痛苦和愤怒带到夜晚。我们要在一天结束前重新找回我们的亲密无间，找回我们的和谐融洽与息息相关。我们别无选择，只有这样我们才能在身体内找回我们的爱。

共浴爱河

我们走进卧室，面对面地躺下来，彼此看着对方的眼睛，心里并不是完全没有一点儿抵触情绪，尽管我们都明白，彼此坦诚相对是一条正确的道路。静寂在我们之间弥漫开去，我们努力让自己平和下来，再一次敞开心扉，与对方交谈。我们缓慢地爱抚对方，直到我们的身体重新调整到和谐活跃的状态。在开始的接触中，我们各自提高警惕，小心翼翼地摸索着前行，如同穿过一片布满地雷的危险区域。在坚持不懈的努力下，我们的船终于驶入了爱河，我们一同扬帆起航，顺流直下，共渡爱河。要达到这一境界，首先要求两个人彼此完全信赖：我们的精神开始放松下来，我们的身体重新回到了和谐、充满力量的自然状态中，如同河水自然流淌一般。在此之前，我还从没像这次那样，如此清晰地感觉并意识到，我的身体被一点点地注入活力。就好像在此之前，我的身体完全被堵塞了，枯萎而失去了知觉。此刻在我们的共同努力下，经过逐步疏通清理，我感觉到爱又重新回到了我的体内。我的感受越是清晰，对方就越能够分担我的痛苦。我的爱越来越充沛地在我的体内流动，它的目标只有一个——与我的爱人结合。

我写下的每一个字，都是充满激情的辩护词，都是为了展现自己内心深处的无罪感，它正蛰伏在我们的身体里和情欲中，等待着对它的接纳，等待着对羞耻心的解脱和对它的无罪释放。我们的情爱所遭受的强暴超过了任何其他事物。它被看作色情，到处遭到驱逐并被责难为无节制，它被谴责并被某些宗教认定是一种耻辱。于是，它不得不在无数的卧室中被厌弃而枯萎凋零。

人们都或多或少有意识地渴望能通过情爱使生活恢复生机并得到滋润，但很少有人能认识到性能量的原始秘密。几乎所有人都是在懵懂中闯过了青春期，并在成长中试图使自己对身体感到满意，并尝试与之建立联系。大部分人在寻找过程中四处碰壁，内心伤痕累累，或者钻进了性欲的死胡同。只有少数人找到了能长久为他们打开通向完满性行为大门的钥匙。

我还能回想起来，当我第一次与一个少年发生关系时，是一种什么样的感觉。实际上我很幸运，我的第一个男友是一个我所信赖的人，他情感丰富、体贴入微。尽管如此，在第一次之后，我心里充满的却是一种失望和空虚的感觉：就是这样的吗？这就是所有人不停梦想，并在课间休息和午后关起门来不断谈论的事吗？

通向完满情爱的秘密

从那时起，我便开始寻找，想知道使我迷惑的究竟是什么。我充满好奇，没有受到任何条条框框的限制，可以敞开心灵接受一切新鲜事物，也由此经历了各种与性有关的事情。有些很新奇，好像是我发现的新大陆。我从中体会到很多乐趣，有时激动人心，有时令人不知餍足，狂野而充满神秘。但时间一长，我渐渐开始感到不满足，只有很少的时候，我能感觉到内心深处真正被触动，而且这种情形都不会坚持多长时间。开始时总是我的心在渴望，而事后我会越来越多地觉得伤感。当我为了早晚能够与下一个人相拥而决然离开这一个时，事情看起来好像确实不会有什么结果，或许我真的应该放弃寻找这生活中最大的秘密。然而使我发疯的是，虽然我从没见识过，但在内心的什么地方，我能感觉到这个秘密的存在。于是我只能坚持不懈马不停蹄地继续寻找。

这时在我的生活中出现了不同于以往的事件和情景。我们之间绝不是一见钟情，也不是激素在作怪，但其中却有一些与我以往的经历都不相同的感觉。大部分情况下，我会在很短时间里，甚至就是一瞬间感觉到内心的充实，似乎再没有多的时间和空间去犹豫，我的全部身心都充满了爱，只觉得自由自在、完整无缺。就好像所有的负担都从我身上滑落，一股魔力渗透我全身，引导着我向前。那时我无法用语言来形容这种很不真实但无限幸福的感觉。我很担心，任何一种描述听起来都像是疯言疯语，所以我没有勇气与任何人分享我的感受。我既不能想象这种感觉可以与性有关，也无法做到将这种感觉与性联系在一起。

后来我发现，这种感觉只会在我彻底放松的情况下才会出现。我十分惊讶地发现，这种感觉有几次恰好是在我失去自控能力的情况下出现的。当我被外力所迫，不得不超越自己的界限时，这种感觉就会不期而至。多年以后，我读到一些对我来说具有决定意义的关于性的观点，使我对性有了直接的认识，从中获得的信息我再也没有忘记过。那时我已结婚，与我丈夫在一起。我仍觉得性并不是我生活中所需要并寻找的，尽管我内心依旧充满渴望。当时我偶然得到了一本书，作者是澳大利亚的一个教师，名叫巴里·隆，书名是《性爱的神圣形式》。书中的核心主题是："作为女性，任何时候当你感觉到一个男人表现出来的只是性的热望，而不是能滋养你的爱时，一定要坚决拒绝！"

神圣的情爱

《性爱的神圣形式》是一本男性写的关于性的书，却以下述文字作为开篇：

> 女性最根本的痛苦产生于长期持续的不满足感，其根源则在于男性无法抵达女性的身体。她情感上的过分要求、她的抑郁沮丧、失意受挫……都可以回溯到男性的性无能。男性在性行为中常常无法激发或释放女性最深层最精华的能量。这种无限美丽而神圣的能量浓烈而极致，如果它滞留在女性体内得不到释放，就像在上述情况下，就会导致心理和情感上的紊乱，并最终固化形成生理上的反常现象。身体孕育一切。

这样的文字如同出自一个极端女权主义者的战斗檄文。然而它却出自一个 70 岁的老人之手，他热爱女人和性。将爱与性本能区分开来，这对男人来说，是一个极高的要求：

> 以这种方式去热爱女性，是男性的绝对权威，而男性早已失去了这种超越女性之上的唯一真实的权威。它要求的是纯粹的爱，与单纯的技术毫无关系。一个男人可以提高他的性技巧，但要想真正去爱，任何专业知识都无济于事。令人兴奋的感觉和性高潮能使人愉快，并给男性带来某种形式的权威感。但这不是爱情，不是女性寻求的爱。他或许能让她感到满足，如同美味佳肴的作用一般，但她很快会感觉饥饿，长此以往最终她会厌弃自己的胃口甚至她自己，因为她明白，她并没有得到爱。

我从没将我内在的不安和永无休止的寻找与性如此清楚地联系在一起。相对于我对事物的理解，巴里·隆的观点显得有些极端。但我心里有什么被他触动了，我听到一个声音在轻轻地说："是的，是的！就是这样！"可我不是女权主义者。我热爱男性，对他们非常重视。完全相反的是，我经常觉得女性应该更多地给予男性理解。而现在，难道男性的性爱会毒害我们女性吗？巴里·隆宣称，他甚至曾经把女性变成了复仇女神、蠢货和情感的恶魔：

> 只要世界还按照今天的样子存在，那些复仇女神就不会让男人忘记自己没能正确地爱女人的无能。女人必须被爱。人类的未来取决于女性是否能得到爱。

尽管那时我对男人怀有敌对的激进而肤浅的看法，但我还是想知道：什么是所谓神圣的情爱？性爱如何能获得神圣的形式？于是我一直读完了这本小书。他的观点从头到尾都非常极端，却是我读过的关于性的文章中，最有启发性、最合理的。我越是读到后来，就越能发现：他的论点正是由于其激进性而显得更加宽容并充满爱意，而且对男性和女性完全一视同仁。

从那时起，我在诊所中倾听了许多男性与女性对他们的性生活极为不满的描述。不久前我从报纸上读到一篇采访文章，被采访的是一位色情音像产品的制作人。据他说，对于男性顾客来说，最受青睐的是那些能体现时代感的电影。“现在最时髦的不是去表现女人的兴趣，而是表现她们的厌恶。”制作人在采访中冷静客观地解释说。

如今我已明白，什么是巴里·隆所说的真正的情爱。不论对男性还是女性来说，它都是最终解决问题的出路，能帮助人们摆脱厌恶、控制本能冲动下的性亢奋、解决性冷淡等两性关系中存在的种种问题。我知道，只有这份爱才能彻底改善伴侣间的共同生活。为此他们必须与现有伴侣确定一种新的情爱方式，哪怕他可能很少做出承诺。在开始阶段你只需坦白承认，在你十分渴望的情况下没有得到性的满足，你也不知道现在该怎么办。如果你能感觉到，需要寻找一条新的道路，这已经足够了。如果你终于打算让你的伴侣明白，告诉他你的现状——也许你很无助、很受伤、很气愤、心不在焉、饥渴难耐、满心怨恨或者感觉麻木——这就是此刻的你，哪怕你的状态不符合性的理想标准，与爱情以及伴侣生活都不相称，然而这些标准和价值都只不过是你一直以来看到、读到、听到或想到的而已。

彼此敞开心扉

为了从根本上改善你的性生活和伴侣关系，选择这样酷烈的措施，迫使双方回头重新认识性的问题十分必要。与其不断地努力试图实现性高潮，渴望获得它，集中精神刻意追求，不如让自己自然放松地渐入佳境。尽管你的性能力经常会受到干扰，也可能没有得到激发，但它仍然存在着，等待着你去开发。男性和女性一样，都应该学会不带任何思想和目标地去爱对方。这在开始时可能会让人感到陌生，却有助于放松，让人的身体和自然天性去决定情感的走向。

也许你没意识到，在性行为中，刻意的控制往往是最大的阻碍，首先是对自我的控制。我们控制自己——大多数时候是无意识的，却也是持续不断的——是为了让我们的行为与内心的要求和期待相符合。我们控制自己的性行为，扮演角色，展现自己，让自己变得兴致勃勃，都只是因为我们无法信任自己的天然本性和自然存在。女性首先需要勇气，去接受自己身体僵化和情感饥渴的生存状态。更具体地说，就是要有勇气拒绝虚假的高潮，不要因为“爱他”而做出获得高潮的姿态。要平和地接受自己对无能的恐惧、对不完美的感受，以及潜藏的对伴侣的愤怒，并敢于说出所有这些感觉。男性也要有勇气正确认识，自己很少能真正地经历性高潮并完全满足女性身体的渴求。双方的身体如果很少完全接触，那么你和你的伴侣就应该考虑，也许你们对彼此的身体和需求知道得太少，或者到现在为止还不愿意了解，在你们身上还存在着许多障碍，并对彼此缺乏安全感。

当你如此将自己完全赤裸地敞开、毫不设防的时候，也许你马上会有一种感觉，好像自己自觉自愿地把生命中最后一棵孱弱的幼苗从贫瘠的土壤中拔了出来，还故意再踩上两脚；也许在这种情况下，你意识到通过与伴侣的坦诚交流而显示出来的一切，似乎比从前更让你感到没有希望、没有安慰；也许你一旦打破了已成定式的生活习惯和身体一贯以来的沉寂状态，你会感到自己陷入了困境，更深地被不确定感和不安全感所困扰；也许一念及此，你内心便充满了羞耻感：这我无论如何做不到！我宁愿分手，也不愿与伴侣如此去做。或者你会想：在我和丈夫（妻子）经过了这么多年的共同生活之后，已经绝不可能这样去做了！也许你自己并没有意识到这些想法和担心，你只是感觉到内心的抵触。

尽管如此，你仍然决定鼓起勇气去尝试，那你就得做好思想准备。也许需要几个月时间，也许需要几年，你和伴侣必须跋山涉水，穿过遍布陷阱和假象的沼泽，经历被愤怒以及错乱的幻想所误导的曲折，才能抵达目标。也许你最终会认识到，你在相爱之初感受到的激情，只是你的理想模式的幻影，而与你的伴侣无关。你将越来越清楚地看到，你的伴侣其实和你一样，都是不完美的易受伤害的生灵。你会明白，他之所以拒绝你或只能一再想些没意思的新花样来对待你的身体，是因为他自己也并不比你了解得更多。

可能在怀着热望寻求不平凡的性经历时，你会发现大多数时候你与你的身体是割裂的。可能长久以来你对爱的强大推动力毫无感觉，可能你对自己的身体缺乏感性认识，也许你的日常生活充满忙乱，或者你常常会想到性，却很少能获得快感，你其实是在寻找一个对象，希望他能比你更重视你的身体和心灵。

如果这些情况你都感受到过，那你尤其要与你的伴侣交谈，敞开心扉告诉他你的所有感觉。这样的话你们就会成为彼此的老师，通过双方共同的努力就可以实现理想的性体验。此后你们的情感会随着时间的推移而开始成长——你们之间的爱与信任会出现一个崭新的格局，一种你此前从未体会过的新的感觉。与相爱之初“盲目”的激情相比，此刻你与伴侣终于拥有了能够支撑你们生活的情感基础，真切深刻的情爱就蕴藏在你们之间息息相关的密切联系中。

为爱打开你的身体

这一切都无法刻意为之或强人所难，你只能自然而然地为爱打开自己。你越是明白，信任自己的爱有多重要，你的爱就越能在内心蔓延扩展。改变原有习惯需要时间和耐心。我觉得无论怎样强调这个观点都不过分：我们首先必须淡忘必须做爱和将高潮模式化的愿望。为了能够在令人充实的自然洪流中重新发现自我，需要人们一再有意识地强化身体的结合、身体的触摸以及对身体的了解，哪怕开始时可能会感觉过于冷漠、缺乏兴趣和力量。

你不要再等待，等待一个来自外星球的情人、一个神秘狂野的爱人、一个非凡的求爱举动……不要再等待这一切在你的生活中出现！你应该与你的伴侣一起去行动，哪怕你觉得艰难而宁愿逃避。就算你觉得自己像一个丧失了性征的中性人，或贪得无厌的色情狂，也绝不要放弃希望，灰心丧气。如果你正忍受着丧失自我价值的折磨，因为你对伴侣已很长时间没有发自内心的兴趣了，或者这一切对你来说似乎负担太重了；如果你不断感觉自己犹如一头被关在笼子里的困兽，无法驰骋狂奔；如果你几乎还来不及感觉一下自己的身体，就又一次迫不及待地被本能驱使着，想赶紧直奔主题，或被性幻想所控制；如果你经常生活于潜在的欲望和饥渴中，承受着期待带来的极大压力，而从不敢与伴侣一起尝试那些特别的秘密幻想，那你应将所有关于理想性生活的观念、要求和梦想统统扔到一边去。忘掉那些视频吧，还有性感内衣和各种性技巧。与这些玩意儿相比，你的伴侣是真实的、活生生的，你最好与他一起来唤醒你内心的爱。你现在就应做出选择，完全与你的伴侣——当然首先是与自己一起去行动，你终于能再次开始亲密接触——首先是与自己的身体亲密接触。

你一定会感到惊讶，你与自己的身体竟如此缺少接触。距离你最后一次有意识地倾听它的声音，感觉它的存在并给予它爱，也许已过了很长时间。请你的伴侣静静地注视你。对你来说，在开始时这将是一件十分艰难的事，需要你付出极大努力，并有毅力坚持下去。也许你会感到难堪，也许你会遭遇羞耻心的折磨，也许你会不可抑制地笑个不停。不管怎样，坚持下去不要放弃。重要的是：说出你此刻内心正在发生的事，告诉对方你这时感知到的身体变化，包括不好的感觉。但不要去谈论你在想什么，要说出你此时此刻确确实实感受到的细微变化。仔细品味你身体感知到的一切。如果感觉很愉悦就给予强调，以便向你的伴侣指明前行的方向，并在他摸索前进时不断给予肯定和支持。如果感觉不舒服，也一定要相信自己。你要回到自己的内心并打开自己的身体，同时不要中断与伴侣的交流。感觉你的身体并追随着体会它此刻要表达的意图。

你要保持清醒去感知内在的每一个细微反应：这里有些紧张麻木，那里有点儿蠕动发痒的感觉，还有的地方可能什么感觉都没有。集中你的注意力！“这里我的感觉是这样的，可其实我应该有另一种感觉……这会儿他是这么做的，可他其实应该是那样做的……”麻木、伤感和愤怒就会从心底升起来，将你拽离眼前这一刻。或者，你还没来得及放松，便有兴奋与贪欲出现，将你整个人拖进要求拥有并继续拥有的欲望中。不要让自己被期待所压迫，加速推进事态的发展。就这样静静地去感受你的兴奋，保持眼前的感觉，打开你的整个身体，让下腹的感觉弥漫上来，进入你身体的其他部分，感觉你的双手、双脚，尤其是双乳。你的胸部是你心灵的所在，真正的情爱必然通过心灵。

真正的情爱必然通过心灵

只有当女性用她的心灵去寻找并接触男性的心灵时，她的身体才能完全打开。当她一直向前，直到触及男性的柔弱之处时，她才会感觉到自己进入了他的内部，此时才会产生真正的联系。这就是巴里·隆在他表面上看来反对男性与性的论述中谈到的：真正的情爱必然通过心灵，因此，他才会如此极端地反对以追求性高潮和纯粹肉体满足为目的的男性性爱观，反对色情行业和性幻想。

只有当男性将自己被爱激发出来的力量，通过他的身体注入女性体内，他才能获得安宁；只有当女性真实地接纳他，敞开自己的心扉并通过她的胸部将能量注入他的心田，让爱的能量再次流入他的性器官，这一过程才能实现。只有当男性与女性心心相印，完全打开他们的身体，并始终存在于对方的生命中，这样一种爱的循环才能产生。许多沿着这条路走过来的人描述，爱的循环可以称之为全身心性高潮，其状态如同进入无限天地，完全实现了两人的完整合一。体验这种只能在精神层面实现的性快感，并不需要特别的性伙伴。一切都围绕着一个问题：我们是否准备向伴侣和往日的伤痛敞开自己？我们是否能下决心穿过内心所有的桎梏，去感觉、接受内心的伤痛，与伴侣分担并最终治愈它们？

当我和丈夫踏上这条路之后，一起经历了一次非同寻常的体验，我从中体会到，究竟什么是情爱。我们彼此已非常开放，并且有一种极为深刻的联系，他怀着强烈的爱意进入我，突然间我的心脏感到一种尖锐的刺痛。每当他在我体内运动时，我的心脏都会强烈地被刺痛。我感到沮丧且惊讶——显然在我的心脏和下腹之间似乎有一堵无形的墙横亘在中间，而我丈夫却无法冲破这堵墙。我们停下来彼此相拥继续交谈。我在他面前尽情流泪，他则与我分享他的爱。之后我们再度结合时体会到了完全不同的感觉，那使我们比以前更加靠近对方。

许多女性对我讲过她们身体感觉到的疼痛、恐惧、肢体麻痹和无以名状的紧张。“我正在厨房准备饭菜。我丈夫进来紧紧搂住我的腰。我的身体立刻紧张起来，充满了戒备与拒绝。”这名妇女的丈夫并不是什么色魔恶棍。因此当她来找我咨询时，对自己只想拒绝丈夫的感觉充满歉意和羞愧。有时候当男性触及女性乳房，她们会感觉事情发展得太快，过于直接而令人难以接受。我常常听到这样无奈的哀告："我再也受不了了，他那样按住我的乳房并使劲揉搓。"

女性性征能否得到健康发展，她们能否重新在接受爱抚中获得信任，并将自己的感觉表达出来，对她们一生都至关重要。造成心理上的断裂只需几秒钟，一次触摸究竟意味着欲望和贪婪，还是温柔与爱恋？女性能马上感觉到。但面对男性毫无爱意的贪婪按揉，女性仍然太缺乏表达愤怒和麻木的勇气。如果情况一直得不到改善，她们出于恐惧就越来越封闭，对自己身体的感觉也越来越陌生，并逐渐被困于病态心理和性冷淡中。由此也造成许多男性的身体由于得不到女性的滋养而萎靡不振，或变得更加贪婪好色。这就是今日两性的生活现状，人们的性器官在带有强烈目的性的性行为中日渐退化，变得麻木迟钝，有时甚至痛苦不堪——也许感觉如死去一般。疼痛与麻木正是人体组织器官极度紧张的表现。

性和谐——完美情爱生活的关键

我们的身体就是我们的记忆。那些留在记忆中的印象，将被记录在人体器官的每个细胞中，我们以往的所有经验，都将储存在身体里。同样，每个人的性史，他所经历的快乐与痛苦都会在体内留下档案。如果我们再次有意识地与自己的身体接触，并有意识地进行性爱活动，那以往的性经历又会进入意识层面被我们感知到。我们会由此获得最终治愈的可能性，并使我们的身体从过去的伤痛中解脱出来。特别是女性的乳房和阴道会集中储存来自过去的痛苦、情绪和紧张。如果我们开始实实在在地尝试肉体之爱，如果伴侣之间所有的接触变得更缓慢更有意识，那么我们的性器官就有可能重新康复。不仅是身体上的创伤，精神上的伤痕和埋藏在往日尘埃下的痛苦也将暴露在光天化日之下。你不要逃离痛苦，而应该尽最大可能去感知它，满怀爱意地去接纳它，并与你的伴侣一同分担它。男性更不愿表达自己，因此有时对于男性尤为重要，要设法去表达自己的痛苦，用词语来描述它，用呻吟来表现它，或者抓住发自内心的声音并宣泄出来。任何时候，只要你察觉到身体上的疼痛、麻痹和紧张，就应从一个全新的角度去看待问题：你要想到，这是你的身体在向你示意，你身体的某一部分需要得到治疗性的接触。

一旦你完全出于自觉意识，与你的伴侣通过温和的方式，伴随着引导性的语言来治疗身体的紧张、麻痹或具体部位的疼痛，你会惊讶地发现，你的身体或情绪很快就会放松下来。有时你可能会突然流泪，有时你又会马上大发雷霆，或者你只想尽快跑开，甚至你会意识到在某一个麻木的位置上，猛然间爆发出强烈的欲望，并变得极为敏感。有时你的身体会充满爱和生命力，你会浑然天成地以流畅的动作与自己的伴侣结合在一起。有时你可能想要在晴朗的阳光下开怀大笑，那么就让自己笑个痛快，也许此刻你正是受到了伴侣的感染。在你的亲密关系中起重要作用的一切，对你的性生活也同样重要：幽默是最有效的治疗手段，而且当障碍特别严重时，恰好就是幽默发挥作用的最好时机。许多人以往受到伤害的性经历过于沉重，此刻幽默就是一座跨越深层伤痛的桥梁，能够治愈创伤挽救生命。

想哭就哭，想笑就笑，但你要依“计”而行！即便你的性爱生活沉睡已久，或完全沦为例行公事，你仍要与自己的身体接触。从你所有的习惯中摆脱出来，去爱你自己。与伴侣一同躺下，什么也不要做，静静地等待，感受自己，追随你的身体并真实地去体会它。只要有可能，就要经常这样去做。你越是为爱尽心尽力，向爱敞开，在你和伴侣之间的爱就会越来越多；你越是减少情爱，你们在生活中就会越来越疏远、越来越陌生；你的身体越是在爱情生活中增加接触，其作用就会在伴侣生活中越来越多地显现；你会确定，性和谐对于甜美的爱情生活起着关键作用。通常，充满爱的身体相互接触会深化感情，增进两人之间的信任度，有助于促进我们身体的平和与均衡。

沿着这条路走下去，我们会变得越来越开朗健康。如果我们的身体能时常处于爱的滋润下，那么我们在生活的任何领域都能感受到对方的爱。由此性便获得了完全不同的价值和重要性。性不再具有神话色彩，而是更多地成为通向爱和紧密联系的大门。这样，我们就能缓解从前对性行为期待过高的压力，从而完全彻底地放松下来。

用爱抚慰你的灵魂

没有什么是你必须做的：无所谓体位，无所谓高潮，没有令人兴奋刺激的历险奇遇，也没有秘籍诀窍或强烈的激情欲望。我的概括是：尽可能做你自己，尽可能与你自己和你的伴侣紧密结合，给自己时间去体会亲密关系。为此，我们必须摆脱头脑控制，听凭身体的引导进入理想状态。也许开始时你还体会不到高潮的感觉，也许你遭遇的是丧失兴趣、黏滞夹缠甚至羞臊惭愧的心情，如同在一个充满诱惑的夜总会门口撞上了强壮蛮横的门卫，令人进退两难。即便是这样，那也好！

继续沿着这条路走下去，不要偏离了方向。去爱对方，爱他的本来面目。即便遇到了阻碍也要坚持不懈地走下去。你现在已知道，在这条路上，压抑的情绪有时也会爆发，它可能在你们之间爆炸。你们的情绪如高悬的湖水摇晃不定，随时可能一泻千里。超越浪潮，不要任其将你席卷而去。仔细观察自己，不要停止寻找爱。这样就能让爱在你们心中扩展，你们能够越来越稳定地彼此相连。如果你能够一再超越自我，你就会越来越清楚沐浴爱河的情爱与单纯的性行为有着怎样的不同。如果你坚持下去就会发现，这么多年来你寻找的究竟是什么。沿着这条路，你将重新获得能力，去接纳亲密关系，去浇灌你的爱情之花。你可以再次发掘你的性能力和生命活力以及内在的和谐融洽。你的身体会重新信任你，你可以摆脱往日的一切伤害，在完全放松的状态中彻底投入。

我可以确切地证明，情爱来自我们人类最深层的自然天性。它浑然天成地发自我们内心，并投向另一个我们为之敞开心扉的人。这与体位、能力、行为以及频率都没关系，甚至也与情欲和好色没关系，它只关系到爱的身体表达。

不久前我读到一篇关于老年痴呆病人疗养院的报道。那里生活着不少病人——大部分是垂老之人——他们将在这个疗养院终了一生。几乎所有人都已神志不清，他们甚至无法认出最亲近的家人，只能零星地回忆起往日生活的破碎片段。疗养院的负责人证实，在这样一种特殊的解放状态下，由于自我约束、社会准则和责任义务等观念的淡化，人类的自然天性得到了极大的发挥。“在我们这里，有一半的人性欲十分活跃。这些吃饭都不得不依赖陌生人帮助的人，思维已受到极大的限制，但他们在疗养院里开始彼此爱慕，相互渴求。疗养院举办节日庆祝活动时，女人们的眼睛会闪烁发光，如同又回到了 18 岁。而男人则会无限温柔，重新焕发出勃勃生机。”

拉丁美洲著名畅销书作家保罗·科埃略在他的最新著作《十一分钟》里，试图对性的秘密进行追根溯源的探讨。他提出了值得思考的问题：“人怎么才能抚慰灵魂？是通过爱还是通过情欲？”他作品中的女主人公妓女玛利亚在她的日记中给出了回答：

这个画家到底想从我这儿得到什么？我们的出身和教育背景差距如此悬殊，他觉得我能在性行为中给他带来什么吗？

他是个艺术家，他应该知道，人的爱必然包含在他的整体之中。爱不存在于他人，只存在于我们自身。我们可以唤醒爱，但为了唤醒爱，我们需要另一个人。宇宙天地之间只有一个真理，只有当我们拥有一个人，并能够与他分享我们的感觉时，这一切才有意义。

他缺乏性吗？好的，我也一样。那么然后呢？他和我都不知道，这意味着什么。”

第13章

孩子是家庭的一面镜子

Liebe dich selbst und es ist egal, wen du heiratest

爱不要求牺牲，

它包容一切，

促使我们心中的爱增长，

使我们有能力将爱分赠他人。

有些婚姻破碎，是因为夫妻两人没有孩子；有些人勉强维持着表面的和平，却是为了孩子而继续生活在一起；伴侣关系经历第一次大的裂痕，往往是在第一个孩子出生时……孩子拥有让人意想不到的力量，他带来希望，并成为家庭的一面镜子。孩子不需要表面上的一团和气，他们只要求父母与自己心心相印亲密无间。因而，由于他们的出现，父母间的任何缺损都将被暴露在光天化日之下，原有的伴侣关系也将由此改变。孩子要求父母无条件地奉献自己。他们的行为和态度极为准确地显现出父母的关系究竟如何，以及他们对父母的话究竟相信多少。

在这里，我还想最后一次用数字和统计数据来强调一个现象：在最常见的离婚原因列表中，由于第一个孩子出生所带来的变化，高居第三位。对于这一现象，我们的社会显然还太缺乏应有的关注。记不清有多少次，我向前来咨询的人提出如下问题："你们的问题是什么时候开始出现的？从什么时候开始，你们对性生活失去了兴趣？你的伴侣什么时候有了外遇？从什么时候开始，你们的婚姻没了生机？”得到的回答通常都是大同小异，同时伴随着的还有充满歉疚的目光：“从我们的孩子出生时起！”

我认为，孩子的出生究竟会给家庭带来什么变化，社会对此还没给予足够的重视。不久前，一个刚生了孩子的女友打电话给我，她说：“你知道吗，现在一切都跟以前不一样了。孩子出生前，你绝对无法相信这一切，也没法理解。一个生了孩子的女人，与从前已完全不可同日而语了。”这个女友虽然正忍受着严重的膀胱炎的折磨，但她前一天还整夜看护自己感冒发烧的婴儿。次日早上，整个人都累得筋疲力尽，她对自己能坚持下来十分惊讶：只要事关她的孩子，她竟可以无限给予，并能焕发出无穷的力量，哪怕她自己会因此变得一无所有。

女人怀孕了，男人却没事

女人怀孕后身体会全面改变，从激素到皮肤和头发，都有不同程度的改变，更不必说有些人饮食方面的口味变化了。孕妇的感觉就像过山车那样大起大落。从得知怀孕那刻起，准妈妈们就感觉自己陷入了由健康规则构成的牢笼：不能抽烟，不能喝酒，不能搬重物，不能这样，不能那样，一切都围绕着一个主题：必须小心翼翼，认真负责地生活——完全忘我地为那个新生命无私奉献。而最终，你自己持续地、不情愿地越来越胖，在极端的情况下，甚至仅仅作为孕育孩子的工具而存在着。

而今天的女性比以往任何时候都更重视美貌和身材，几乎所有的女性都尝试过节食等各种减肥措施，一些人甚至因为病态地追求身材而出现了饮食障碍，越来越多的女性计划做美容手术。然而，一旦有一天她们发现自己怀孕了，所有的美容瘦身理想便被抛在脑后，不见了踪影。与此同时，对她们来说，怀胎十月中，戒掉自己抽烟喝酒的坏习惯，不再过多地抛头露面，包括接受事业上的停滞，都应该不是十分困难的事情。

当然事情也涉及怀孕女性的丈夫。男性原本就很少能深入细致地了解女性的内在感受，此刻就更无法把握一个喜怒无常的太太了。比较善于接收信息的男性，或许听到过关于“妊娠综合征”的概念，大部分则对伴侣此时变幻莫测的感觉十分陌生，甚至无法容忍。突然间，也许在他们毫无准备的情况下，被告知自己马上就要变成爸爸了。这实在让他们难以接受。同时，在开始几个月内，准妈妈们看起来并没有什么变化，而爸爸们更谈不上有什么感觉了。他们的身体一如既往，激素也没什么改变，双腿不会突然间出现水肿。当他们看到猪肝做的香肠时，不会感到恶心，更不会呕吐。他们只是在某一天接到通知，自己从现在这一刻起，将要成为爸爸了。

这种不平等的分工，尤其是身体知觉上的差异，在分娩时达到最大极限：女性体验到有生以来无法想象的强烈疼痛，她们的身体在阵痛中被撕裂，而男性此刻却像战地记者一样站在一边旁观。一个孩子的降生，原本就是人生中不可思议的时刻，同时对于许多婚姻来说，正是从这一刻起，一道深深的裂痕出现在夫妻之间。造成这一不幸的原因在于：这个时刻对当事人来说至关重要，他们当时都处于一种极为特殊的状态之下，以至于日后很少能清醒地认识到在伴侣间产生的情感裂痕。

分娩也可能是真爱的诞生

女性分娩时必须独自身处生死之间，如同俗话所说“一脚棺材里，一脚棺材外”，没人能替代，也没人能真正陪伴，一切都必须独立承担。因此，她们感觉自己在关键时刻被伴侣抛弃了。而男性则感觉在这个创造生命的重要时刻，他们被排斥在外，只能无所作为，爱莫能助。

这里事关人类生活的基本经验——诚然，只有很少的伴侣能共同经历他们所梦想的。首先往往是女性在整个过程中承受着极大的失望和愤怒，孩子降生的喜悦会冲淡这种情绪，但无法让其消失，很久以后还会浮上意识表层。“我丈夫不过是一直在跑来跑去而已。”这还只是男性无可厚非的一般表现。有些男人甚至会当场昏倒，在关键时刻不知所措，或者把自己藏在录像机、照相机镜头后面；有些在耗时极长的生产过程中，因为筋疲力尽而沉沉睡去，他们此前不断向医生或助产士询问最新情况和进展，而紧要关头却抛下了最需要自己的妻子；还有些男人喝得醉醺醺的，他们从产房出来直奔情人而去，或者当妻子还在坐月子时就开始了新的艳遇。

许多女性在分娩后意识到，自己或多或少丧失了对伴侣的敬意，即便那些模范丈夫也难逃厄运。尽管他们自始至终都守在产房并一直握着妻子的手，女性仍会有背弃感和失落感。有些甚至会莫名其妙地怒火中烧，不愿被丈夫触碰，宁愿让他们离开产房。分娩将我们彻底撕裂，使我们直面自己身体的现实，被迫在这一时刻彻底地感受自己。此刻女性面临生死存亡的巨大压力，在身体被打开的同时，其情感以及精神层面被压抑下去的各种情绪和感知都从潜意识的最深处上升到意识表层。同时也因为女性在生产的全过程中，必须始终集中全部精力面对眼前的问题，因而变得尤为敏感。置身于这种原始奉献的情境中，女性往往很快对自己作为女性的存在感到失落和愤怒——我们不得不接受这样的状态，在每一次阵痛中体会自然残酷的暴力。我们只能打开自己去迎接这股暴力，对自己遭受的蹂躏无能为力，既不可能改变它，也无法理解它，我们只能去适应它。

根据我的经验，一个男人几乎不可能在妻子分娩时做到无懈可击。我的经验也告诉我，大部分女人无法理解，为什么男人在这性命攸关的时刻，却自然地置身事外。女性所感觉到的，男性感觉不到。他只能看到或理性地知道，自己的妻子正在经历一些无法想象的、痛苦的、可怕的事，可他自己无法切身体会——更糟糕的是，他什么都没法做。他只能和她一起，并要求自己尽可能地去分担对方的痛苦。

男性习惯于把握局面，做出决定，而这一刻他们却无能为力。此时他们的理性毫无用处，既无法分析情况，甚至也不能真正帮得上忙。我曾与许多男士探讨过他们在妻子分娩时的经验，想尽我所能地帮助女性去了解男性的感受：在这一时刻他们体会到的是巨大的无助、麻木以及被拒之门外无所作为的失落。我希望我为男性所做的辩护能激起女性深切的同情心。

孩子的诞生，对许多伴侣来说，也是真爱诞生的时刻。女性必然会通过完全的奉献精神和抵抗疼痛的经历，超越自我，此刻的成长速度将超过她此前的任何时期。男性则应对自己能力的局限性有更清醒的认识，在一个生命来到世间的时候，他们必须将自己的地位降低为家属。这里没人能得到什么也没有什么可去追求，在这里女性的疼痛遭遇男性的昏厥，在这里需要对对方的特殊状态给予深切的关照与同情。如果两人被命运挤到墙角时能了解到自己真实的生存状况，就会有意想不到的奖励降临，成为一个与从前大不一样的人。

孩子总是追逐爱

这个带给父母巨大幸福的小生命降生的第一件事就是哭喊，紧接着，大部分时间里他都是饥饿的。从他降生的第一刻起，就充满了各种需求，无条件地索取身体上、情感上以及精神上无所不在的关怀。养育一个孩子对每一对伴侣来说都是最大的挑战。当婴儿哭喊时，他整个人包括最小的脚趾和指尖都在哭喊。婴儿大笑时，他的整个身体都在发出咕咕的声响。孩子不会伪装也不会询问自己做得是否合适。他们就是他们原本的样子。他们会没完没了地要求得到自己所需要的。我们给予得越少，他们索取得就更多。

当孩子降生后，我们的所有“赤字”都显露了出来：我们想要给予他们一切，却发现，在有些方面自己一无所有。从第一天开始，他们就开始向父母索取最直接的联系、身体的接触、关怀爱护以及绝对的关注。如同向日葵追逐太阳一样，孩子总是追逐着爱。可当我们自己在生活中缺乏真爱时，也不可能继续给予他们这份爱。不论我们如何费尽心思想要给予或补偿，爱的流动都会就此中断——我们自身的缺陷将越来越清晰地显露出来，而在我们内心深处则会感到对孩子深深的歉疚。在尽职尽责操劳之后，我们会不断退却，由于不能给予孩子情感上的关照，我们就只能为孩子提供外在的安排，于是我们整日忙着接送孩子去参加各种活动，我们的生活变成一流的业余活动中心。孩子对此则并不领情，他们宁愿接受一个有缺陷的现实真相，也不愿接受退却或我们为他们制造的完美世界。

我们当然都希望给予孩子最好的生活条件。而一旦生活状况或伴侣关系不是处于最佳状态时，我们就更是试图为孩子创造更好的条件。昨天两人还处于婚姻战争中，喊叫、冲突，家中一片愁云惨雾，越是这样，今天孩子的生日聚会就越隆重和谐，一派歌舞升平的盛世景象；我们以前经常没时间陪伴孩子，于是今天必须整个下午跟孩子泡在游泳池里。由此获得的效果是，当孩子们兴高采烈地过生日时，我们则感到十分紧张，没兴趣再烤第四轮蛋奶烘饼，在游泳池里我们想的是购物，打水仗时我们感觉到的是对真实的焦虑。

父母能立刻感觉到是否真的与孩子息息相关。如果我们觉得事情变得很简单，那我们与孩子的联系就是畅通的。我们与孩子一起笑个不停，觉得自己讲述的故事引人入胜，我们主动提出跟孩子再体验一次从滑梯上冲入水中的乐趣。这时我们确实给予了孩子所需要的关爱，我们双方都感到轻松愉快。我们的孩子能十分清楚地感觉到父母的行为是否出于真心。儿童对于虚假有极为灵敏的天然触角，在这种情形下他们会变得情绪烦躁，以便能吸引父母的注意力。他们会感到父母的空虚与敷衍，并因此认为父母并不爱自己，这样的认知会让他们形成自己毫无价值的判断。

如何摆脱这种死气沉沉丧失活力的情况？请真诚地对待你的孩子，告诉他："我根本没兴趣玩这个游戏，我只想躺下来看书，安静安静……"或者说，"我真的很累，今天我没力气一个人做大餐了——你得帮我一起干。"或者，你可以坚持跟孩子一起去活动，但要对自己十分坦率，有勇气去承认眼前的事实，并了解你心不在焉、十分紧张、疲惫不堪或僵硬烦躁的原因。

如果你放下包袱，不再扮演模范爸爸或完美妈妈；如果你能放松或直接告诉孩子此刻你没情绪，没法用枕头打仗了，或不能互相呵痒痒玩儿了，你和孩子可能会感觉彼此更接近、更亲密。如果你有意识地表现出内心的不良情绪或情感上的空缺，事情会令你惊讶地重新开始正常运转。尽管你有种种问题，但还是在孩子面前坦率地表现出自己的软弱，并发自内心地坚持尝试，只要你告诉孩子“至少我还想试试”，那就会有意想不到的事发生。

真实地面对自己

智者言：“好心可能办坏事。”一年又一年，你为了给孩子一个完美的生日聚会而操劳不休，而这些可爱的孩子竟没人肯自觉自愿地将盘子放进洗碗机里去。尽管这些小字辈整日不听话，犟头倔脑且脾气极坏，而你还是又为他们煮好了可可，端到面前等他们喝完再收拾杯盘，其实此刻你身体疲惫，心里烦躁，恨不得将他们统统扫地出门。

你不断地在放弃：虽然痛心疾首，却还是将事业扔到了一旁；喜欢热闹的你不再去和朋友聚会，以便每天晚上陪孩子上床睡觉，因为不这样，小家伙就没法睡着。可当你感觉不舒服时，没有一个孩子会在你说出自己的要求之前，跑过来问问你的感觉；到了你过生日时，既没有蜡烛也没有什么小小的惊喜；你带孩子去一个对你来说十分重要的场合，而这些小淘气的行为就像是难以教育的弱智儿童，让你丢尽了脸面。

我知道，真相是苦涩的：但这一切都是由干瘪的种子收获的成果。如果你牺牲了自己去扮演一个公众认可的角色；如果你只是按照空泛的社会规则去行事，那么这一切都会发生在你身上。只有一条路能使你的生活充实而真诚：真实地面对自己。如果你能从自己做起，真实地向孩子袒露你的缺陷和需求，那么你的孩子也会认识到，你究竟是谁，到底需要什么。渐渐地，你会确定无疑地在这条路上获得越来越多的力量，并有能力给予孩子越来越多的关怀和快乐。从此你不必再仅仅出于善良的愿望去扮演好父母了。

不要让爱在分裂中选择

每个人都有一些自己意识不到的性格特征和内在力量，因在其形成过程中与某些价值观和主观判断关联极为紧密，以至于只能被压抑下去。人身上都有一些自动机制深深植根于生命内核，其作用就是将这些力量完整地从人们的思想、感情以及行为中彻底清除。而我们的伴侣恰恰使我们不得不回想起这一切。通常情况下，他们会以令人难以置信的准确和坚韧，将所有这些早被深埋的特征发掘出来。为此他们会在无意识中变得邋遢、不可靠或刻板固执——呈现出各种我们无法忍受的性格特征和行为方式。

即便那些不被接受的负面特征显露时让人十分痛楚，我们仍应感激它在现实生活中再次显现。我们之所以在很久以前，将属于自己的这部分拴上沉重的铁链沉入大海或者流放天涯海角，就是因为它对我们的生活影响意义深远。如果我们今天希望拥有真实、平衡、现实可靠的生活，那就必须唤回被驱逐的这部分自我——哪怕我们早已将它投射到了另一个人身上，并对其深恶痛绝，因为正是这部分自我，隐藏着我们进一步发展或生活幸福所需的天赋与能力——为了孩子我们也很需要这些能力。

假如父母不整日纠缠在争权夺利、婚姻危机、分手离婚等问题和选择中，他们就能清楚地认识到，孩子为了自身成长而迫切需要从父母那里得到的，往往是你在伴侣身上感到无法忍受的。不幸的是，恰好在伴侣关系上，我们无法看清，孩子为了成为核心而急需的这种能量——伴侣身上的这些特征，正是被驱逐的那部分自我。

如果我们长期与伴侣纠缠于“或者……或者……”的权力斗争，那么分手之后即便我们能利用与伴侣间的距离，也不可能对孩子有帮助。现在，既然我们再次拥有一个比较有保障的空间，就应该尽可能有意识地、充满爱意地尝试接纳被我们深深拒绝的这些个性特征，并设法让它们重新融入我们的生活。如果你觉得伴侣的混乱无序让你无法忍耐，那就让自己也变得松散些，不过，你并不需要告诉他这些。只有这样，孩子才能安静下来，而不必经历分裂。

不在孩子面前谈论从前的伴侣，这点根本不起什么作用。我们自己还是孩子时就存在的规则，如今依然存在。事情的关键是氛围，还有，你没说出来的话孩子都能清楚地感受到。如果你与过去的伴侣发生了争执，而且内心还在不安地与他斗争，那你最好能坦率地告诉孩子。只有这样，孩子才能在自己内部寻找和平，而不必被迫徘徊在父母的分裂中，不必让爱做出选择。

没有光明与黑暗之分

娜拉向我清楚地展示出，当父母双方陷于战争时，孩子的内心会发生什么变化。娜拉是个二十出头的女孩，她找我咨询是因为饮食障碍。从父母分开后，她的生活就开始被这个问题所困扰。娜拉住在自己房里，但她经常到从前和父母一起住的房子看望母亲。如果没人陪她一起去，还没等她到那儿，一路上就已吃了她所能吃的一切东西。她经常从母亲的钱包里拿钱去买吃的。不论她从以前的家中回来，还是从父亲现在住的地方回来，都如患了强迫症一般，必须马上去买大量的食品，好让自己大吃特吃一通，而最终她只能将吞下去的东西再呕吐出来。

她称自己的状态为“在父母之间拉锯”：当她与他们中的一方在一起时，便不能与另一方在一起。突然间她会觉得有什么东西堵在自己的身体里，使她无法下咽。有一次她说：“自从我父亲搬出去之后，我还能跟母亲说点儿什么。可那只是些表面的辞藻。我母亲说，她愿意接受父亲。可事实上不管父亲做什么，她不知怎的总是很生气。而最糟糕的情形是当她拥抱我的时候，我感觉极为紧张且空虚，就好像要饿死似的。和父亲在一起时，我觉得简直就要被呕吐物所窒息。他虽然比母亲要放松，可每当我发自内心地去看他时，他总是无法从过去的生活中走出来，只是跟我谈从前的事，或者干脆忙着干点儿什么，好像那件事很重要似的，而他整个人完全不知道在哪里。”

在咨询治疗中，娜拉曾给她母亲写过一封信，可惜她从没将这封信发出去：“你不会相信我，但你是选择跟爸爸在一起生活，还是跟另一个人在一起，其实对我来说根本无所谓。这是真的！你以为，我一直都希望你和爸爸能破镜重圆，可事实上不是这样的。而让我如此病态的，是你的虚伪。你从没说过爸爸什么坏话，但每次说来说去，结果都是他又做错了什么。尽管你没有公开来批判他，但每次当你向我示意此事与爸爸有关时，我都一心只想逃离，因为这里根本没有我的空间。渐渐地，对我来说确实已经无所谓了。我才不在乎你究竟是跟爸爸在一起，还是跟新结识的那个人在一起，或者跟另外一个什么人，甚至从此一个人，不再跟谁在一起，我都不在乎。但我不能再忍受你的愤怒、恐惧和你那空泛虚伪的拥抱。我要爆炸了！我会吐出来！我根本不想强迫你回到爸爸身边。整件事情与此完全无关。我只是再也不想忍受这种该死的饥饿感和使我不得不恶心呕吐的感觉了。”

从娜拉的叙述中，我们可以清楚地看到，父母的分离会以何种强制性的方式将不幸带给儿女：对于儿童来说，为了留住什么，他总是必须付出另一些什么，总是有了这一个，就没有那一个。通常其中的一个是好的，因此另一个必然是坏的。而事实真相却是：没有光明与黑暗之分，也没有黑白之分。更多的情况下，正是因为有了这一个，才会造就那一个。这一个的正确率与那一个的错误率恰成正比。假如没有那一个，就不会有这一个。娜拉和其他的孩子们还拥有对爱的力量的记忆：爱不要求牺牲，它包容一切，促使我们心中的爱增长，使我们有能力将爱分赠他人，广为传播。但它绝不会限制什么。

娜拉深深地打动了我的心，以她的方式去感觉、去描述，使我回忆起最基本的事实：儿童包容一切，但并不自知。如果他们不得不放弃什么，那么他们内在的一部分就会被迫僵化凝固起来，或者他们会陷入生存的危机而不得不奋力抗争。娜拉有时会说：“我爱他们两个人，他们是不是在一个屋檐下生活我根本无所谓。对我来说，他们就是一个。”

在这一点上，她是对的。在深层的精神层面上，我们大家都是一个，所有人都紧紧连接在一起，无论我们在时空上是否被分隔。我们的孩子正是我们这一整体的表现。在他们身上流着我们两个人的血。如果我们不能接受对方身上被我们所认定的缺陷，那么僵化的不仅是我们，被扼杀的也不仅是我们之间的爱，所有这一切也将在我们的孩子身上发生。

汉堡包对抗营养大全胡萝卜

通常情况下，当发生关系危机或与伴侣分手后，如果你宣称“我从未在孩子面前说过我丈夫的坏话”或“我从来都不会当着孩子的面跟我太太争吵”，那么由此得到安慰的只是你自己。你可能确实没公开这么做，也没对孩子说“你爸爸是个大傻瓜”或“我再也没法忍受你妈妈的愚蠢了……”而孩子承受的折磨却是发生在微妙的感觉层面。“你们在爸爸那儿是不是又一直在看电视？”或“唉，是你妈想要这样的。”这样的话会带给孩子很多暗示，其真实的含义总是同样的：错误的是另一方。

正是那些或多或少没说出的话，体现出了父母间的权力斗争，也让孩子感到疲惫不堪，精神沉重。父母间的争执，表面上往往围绕着教育孩子和安排业余活动进行，而其焦点仍是权力。几乎在所有离异的过程中，我都能看到如此模式的矛盾冲突：父母中的一方放纵孩子吃麦当劳、看 DVD 和电视连续剧，而另一方安排则与之相反，“你还得练钢琴呢”或者“吃掉沙拉”等。伴侣中的一方在某些地方特别严厉、特别有道德感或事业心，与此相对，另一方就会变得特别随和大度、游戏人生或懒散疏忽。离异的状态越紧张，家庭中“汉堡包对抗营养大全胡萝卜”的斗争就越极端。

一个刚离异的女士目前正一个人生活，她认为自己终于找到了证据，来证明前夫的无能、他的缺陷，以及他们两人分手的正确性：“他一走开，我的孩子们立刻就变得好多了。”不过她并不知道，她的伴侣在单独与孩子们玩耍、聊天时，恰恰也有同样的感觉。

婚姻不是解决的办法，离异本身也不是问题。关键是我们对婚姻的看法，以及对离异和往日伴侣的态度。如果我们认为离异会使孩子遭受心灵创伤，那他们的心灵就会受到打击；如果我们虽然还与伴侣生活在一起，但内心已宣判了对方的“死刑”，并在生活中对他们采取鄙视忽略的态度，那么所有这些思想首先就会撕碎孩子对爱的全方位需求。如果我们能放松下来，一旦与伴侣拉开距离，孩子们也会因此感到轻松。并非是孩子所处的某种状态成为问题，比如父母的离异。成问题的是父母在此状态中如何相处，以及对这些问题的处理方式。父母在离婚过程中重燃战火，会成为孩子心灵创伤的根本原因。所有事实真相中最深刻的真相就是：当人们还在情绪中纠缠时，就无法真正分离。

我们只有接受了一件事情，才能真正摆脱它给我们带来的影响。因此，如果你要与伴侣离异，最好还是在友好中分手。在离异时，你能够给予孩子的最大的帮助就是，不断地、一再地，对往日伴侣的另一种选择采取宽恕态度，并给予理解。只有如此，你和孩子的生活才可能在离异后尽快恢复正常。你的个性人格也会由此成长起来，你的孩子们也将对自己和自己的行为有更多的了解。

这就是精神的进化

我很确信，所有人都是进化链条上具有治疗意义的一环。我们来到世间，正是为了帮父母书写历史，而我们的孩子也是为了帮我们抚平创伤并书写新的历史而来。这就是精神的进化。一年又一年，在我家中，我清楚地看到生活变得越来越好，也为此感到十分欣慰。我和丈夫从各自家中得到了很多固执且迥异的生活经验、习惯和模式，我们双方都曾对这些差异大加指责。我丈夫由于他的个性，在很多方面都不适合家庭生活，而我也是如此。现在，我们选择了一条与众不同的路，只要我们有勇气接受一种另类的生活，不是听凭各种家庭需要的支配，而是信任我们的心灵，继续沿着我们选定的道路前进，我们就会获得成功，就能在家庭中抚平往日生活在我们身上留下的创伤。

当家中出现情感或物质匮乏，或到了让人痛苦难耐的沉重时刻，孩子就会爆发出反抗行为。我猜想，我母亲从前对许多事情感到恐惧，她之所以数次心脏停止跳动，肯定与我年轻时的各种奇遇冒险有关。我知道，她曾多次竭尽全力试图用威胁和谴责的方式来制止我。今天我看得十分清楚，她能最终找到安慰与平静，正是因为我的行为帮她战胜了内心的恐惧，也突破了自我限制。她由此看到，产生这类恐惧是毫无根据、没来由的；她也意识到，许多她认为不可能的事，其实完全是有可能的。正是由于我在成长中超越了她，而且没有因此遭到任何打击，因此她的一部分自我已从原有的恐惧中解放出来。今天，她十分为自己的女儿骄傲。

每个人都会强制性地从家庭中受到一系列影响：恐惧、痛苦……这都会深深地进入敏感地带，并成为人格中的基本组成部分，而我们几乎从未意识到它们的存在。当我们还是孩子时，会单纯地认为，这就是生活。比如在我们家中，由于曾经有过困窘，人们总是怀有对贫穷的潜在恐惧，于是节俭就成了基本的生活原则：不管是否有必要，大家随时随地尽量节省，紧缩家庭预算，对未来可能出现的危险尽力寻求保障等。究其根源，则是因为我父母都曾在童年时经历过饥饿与贫穷。我丈夫的生活经历正好相反，他童年时接受的完全是另一套信仰体系，即家庭决不能出现问题，家庭成员必须不惜任何代价生活在一起。这成为他一贯坚持的生活准则。在我们结婚的头几年里，家中总是笼罩在类似信仰之争的阴影下。对我丈夫来说，与其他人谈论我们的问题是不可想象的。如果我这么做绝对是对神圣家庭的严重背叛。与此相反，在我看来他那种没有根基的轻率作风和只顾眼前的生活态度，会将我们的生活拖入崩溃的深渊。

你在阅读中已了解了我的出发点：每个人都迫切需要从对方身上获得对自己来说无法想象且难以接受的品质与特征。我希望能再次以此书的诞生作为例子来说明我的观点：现在我丈夫全力以赴地以各种形式支持我，使我能全面地阐述我们的婚姻和家庭生活，以便能在世界各地出版发行。而我此刻由于写这本书很少去诊所工作，但我已学会相信，我们一家未来不会挨饿。

父母的康复将治愈孩子的创伤

我想介绍一下我的女儿。我和丈夫共同修复婚姻，并在情感上紧密联系，这为女儿的健康成长打下了坚实基础。这就好像一株幼小的植物之所以能越来越茁壮成长，是因为它生长的环境和气候得到了不断改善。小小的幼苗越长越壮，它不断体验到，外面的世界是一个供给养料的地方，能使它继续成长。如果父亲与母亲能对对方的另一种生活方式给予肯定评价，并努力使双方的差异得到统一，那么孩子就会像幼苗一样茁壮成长。他会同时获得成长的多种可能性，并保持与外界的良好关系。

我们的女儿是在困难的情况下来到世间的，她来这个世界的道路被各种障碍封锁。从生下来那天起，头三个月她经常不得不忍受腹部的绞痛。只有当我们把她放在肩头不停摇晃时，她才能安静下来——我们不得不整天抱着她摇晃。只有当特别亲近的朋友来看望我们时，才能帮我们抱着她摇晃，好让我们趁机休息一个小时。她小时候几乎从来不能独自玩耍，也从不能自己入睡，我们必须片刻不离地看护她。这情形使人几乎无法忍受，有时我简直想从她身边逃走。我现在还能想起，当我和丈夫在她出生后第一次出去度假时，我想，这几天我终于不用再换尿布了。

现在我已明白，女儿那时的状态，正是为了以她的方式来反映出我们婚姻中的紧张关系。今天，随着我们婚姻状况的改善，我看到的是一个稳健均衡、生活乐观并且自立自强的孩子。父母的康复将直接治愈孩子的创伤。而当父母置身于权力斗争时，在孩子的内部也将产生权力斗争。一旦家庭中笼罩着恐惧和紧张的气氛，孩子也将被恐惧和紧张所笼罩。婚姻伴侣中任何一方对另一方的拒绝，都将导致孩子感觉自己的某一部分被拒绝。我们的女儿从爸爸那里继承了外貌和能力，而从我这里继承了性格与天赋。在我和丈夫经过多年的磨合之后，我们终于越来越紧密地联系在一起，并能对彼此间的差异越来越多地给予认同。相应地，女儿从父母那里继承的明显不同的个性特征与两极分化的冲突也逐渐相互融合起来。她变得越来越平静，她不必再经常处于“要么……要么……”的两难选择中。她可以越来越有目的地在我和丈夫之间活动，寻找她此刻正需要的东西。她十分清楚：做数学作业找爸爸，写作文找妈妈。而且就是在更深的层面她也知道，自己可以追根溯源回到生命的源头。她不久前曾对一个小朋友说：“跟爸爸可以随便闲聊，跟妈妈在一起，我可以和天使说话。”如果她想要汉堡包加薯条的话，爸爸当然是首选目标。而如果她想连续3次在小朋友家过夜，就会想方设法让妈妈开心。

如此这般的多种可能性，能给予孩子个性发展足够宽泛的空间。但我认为，孩子最需要支持的还不是这个，而是对差异性的接受和肯定。因此我不厌其烦地强调：孩子就是爱，为了实现自己的存在，他必须爱。在潜意识深处，他却只能去爱父母所爱的一切。其原因就在于他的爱不能超越父母的爱。这就是所有孩子必须付出的代价，以使自己能够与家庭保持一致和联系。

按照我的理解，女儿是一个在我们家诞生的独立灵魂。我们必须自己学会在这个世界上更多地去接受并热爱与我们不同的一切，否则就无法真正地教育她，给予她所需要的一切。她很早就感受到自己得到了肯定，并因此而获得价值感，因为我们扶持了她内在最深层的本质。

但我确信，我们的女儿，带着她那美妙的诙谐幽默且充满力量的天性来到人间，也只有一个目的：她的心灵将经历各种奇遇，在一生中不断治愈父母身上的一些伤痕。由此出发，我们就能从他人那里不断获得支持；由此出发，我此刻能对未来看得更加清楚明白……

堕胎杀死的是一个人

堕胎是一个比较悲伤的话题。孩子的降生，是对伴侣关系最具革命性的考验，有许多伴侣没经受住考验而分离。同时，许多父母对孩子带来的巨大挑战及强大能量感到十分恐惧，他们无法接受孩子对个人生活的影响，以至于他们不愿面对孩子的到来。他们的理由有很多种：伴侣关系脆弱无法承受、孩子可能有生理缺陷、恐惧承担责任、生存压力过大、职业前景不佳等，不一而足。我听过各种解释，但对所有的理由都非常惊诧：他们堕胎不是一个简单的医疗手术，被处理掉的，也不仅仅是一堆细胞而已。人工流产杀死的是一个人。而当一个人死亡时，作为人类的最基本行为规范，应允许人们向他告别并进行足够的哀悼。

我所表达的意思，远远超出了任何宗教的教义，也不局限于简单的道德准则。我的观点来自与无数咨询者接触的经验。我曾一直认为，在紧急状态下，堕胎作为现代医学对人类有帮助。当有必要进行这种手术时，我从没感到一丝歉意与不适。然而有一天，情况发生了根本的变化。由于子宫托的无意滑落，我怀孕了，而我对此还一无所知。那时我对这个男人还没真正了解。一天夜里，我独自睡在床上，忽然有一种心心相印紧密相连的感觉笼罩了我，在此之前我从未有过如此的感受。我猛然醒来，觉得有一个人就住在我身体里。我自我解嘲地想：简直是无稽之谈！但我却再也无法入睡，因为这种感觉如此强烈。难道我怀孕了？！然而同时我又劝慰自己说：简直是无稽之谈，你不是带着子宫托吗？而且来例假的日子也还没到，有什么好担心的？尽管如此，第二天夜里我几乎被这种不寻常的强烈感觉所淹没。早上起来我去了药房，测验显示，我怀孕了！我又去向妇科医生咨询，结果我确实怀孕了！事情到了这一步，我也不得不面临这个问题：我是不是应该堕胎？从前当所有女友来问这个问题时，我都会毫不犹豫地回答："是！"但此时此刻，我内在的一切都在大声疾呼："不！"经过半个小时的思想斗争，我已清楚地知道了答案，从发梢到脚趾，我全身的每一个细胞都在明确表示：我要让这个孩子来到世上，不论结果如何。

这段经历，这种明确的直觉，只是我个人的一种特殊情况，一种无法解释、心血来潮似的独特感觉。我并非因此就赞成或反对堕胎。在此后的许多年里，我在咨询实践中认识到，能够毒化伴侣关系并使之分裂的重要动机，除了孩子降生之外，还有一个理由，那就是堕胎。在咨询过程中，许多女性发现，她们与伴侣真正意义上的交流，正是在堕胎造成的阴影中逐渐窒息枯竭的，对此她们十分惊讶。尤其是其中一对夫妇使我清楚地看到，事情究竟是如何发展的：

妻子在丈夫的催促下做了人工流产。在我们的咨询过程中，对于这一事件，他始终称之为“人流”，而他的妻子则一直在深深的悲哀中哭泣，并称这个未出世的孩子为“我们的克拉拉”。虽然事情已过去 6 年了，他们夫妇现在也有了第二个孩子，但这一事件的阴影并没有从他们的婚姻中消散。在与这对夫妇探索他们的问题时，我前所未有地认识到，此刻造物主向我们显示出一个灵魂的存在，在这个病例中它就是“克拉拉”。这对夫妇在堕胎手术后，再也没就这一事件进行交流，自然，他们此后的性生活也逐渐丧失了活力，陷入沉睡状态。

通过我们谈话实施的整个治疗过程充满了痛苦，但让人困惑不解的事态也逐渐清晰起来：重要的只是一个空间，使他们能对这个灵魂表示尊重和哀悼。当母亲终于被允许坦然地悼念她从未出生的孩子，放松地表达出她内心的哀恸；当父亲最终能够谈论“我们的孩子”时，夫妻间再次出现了平和安详的氛围，他们感觉彼此十分接近。终于有一天，这位父亲哭泣着喊出："我的克拉拉。"从此，他的妻子不再哭泣，他们的家庭也重新恢复了平静。

根据我的经验，堕胎毫无例外都涉及对这个来了又去的灵魂的尊重，涉及是否与它告别并给予足够的哀悼。对生活在医学与科技高度发达的社会中的现代人来说，很难理解这个过程及其重要性。然而在我接触的所有个案中，当堕胎手术被接受，并被看作仅仅是清除一堆死亡细胞时，在女性身上或亲密关系中会有一部分生命随之逐渐死去，直到事后人们告别这个灵魂，并对它表示哀悼。不少女性带着愧疚说，做完人流手术后，她们一直觉得那个孩子似乎仍活在什么地方。如果她们仍与同一个伴侣生活在一起，便常会感到这个孩子梗在他们之间，始终没有消失。

在本章的末尾，我再次强调一点：我并非是出自任何道德、伦理或宗教的动机而反对堕胎。我相信，某些情况下，父母觉得堕胎有其特殊的合理性。我只是通过自己的工作经验和个人经历认识到，在此情况下，有一点是我们必须有意识地去做的：我们必须与一个人告别，并给予他足够的尊重。

这一章的题目是"孩子是家庭的一面镜子"。按照自然规律，一个孩子进入世间的道路，源自两个不同性别的人在某一时刻的身体结合。在大部分情况下，如此销魂的结合，首先源自两人的心心相印。有许多人试图去描述这个创造生命的瞬间是如何的美妙与独特。卡里·纪伯伦（1883—1931，黎巴嫩诗人、作家、画家，阿拉伯现代小说、艺术和散文主要奠基人，20 世纪阿拉伯新文学道路的开拓者之一。——译者注）的文字最能打动我的心：

你们的孩子不是你们的孩子。他们是生命之子，

是生命对自身的渴望。

他们通过你们来到世间，但不是来自你们。

尽管他们和你们在一起，但并不属于你们。

你们可以给予他们爱，却不该给予他们你们的思想，

因为他们拥有自己的思想。

你们可以给予他们的身体一个安居之所，但并不是他们的灵魂，

因为他们的灵魂居住在未来之所，一个你们无法企及的所在，甚至在梦中也不可能。

你们可以努力善待他们，但以后却不可期待他们会同样报答于你们。

否则生活就会倒退并凝固在昨天。

第 14 章

爱——努力、坚持、自律和收获

Liebe dich selbst und es ist egal, wen du heiratest

度过危机之后，回头望去：
自信、勇气、彼此的接近，
以及生命的活力，
都一一呈现在眼前。

实现活力四射满足充实的伴侣关系，需要我们全方位地去努力。婚姻关系越亲密、深入、有力，就越没空间留给傲慢自负。它要求我们清楚地去认识，当一个人独自生活时对自己的判断，与他实际的自我是完全不一样的；它不断促使我们去开发、暴露自己，赤裸裸地展现出灵魂最深处的核心——在那里我们就是爱。只有当我们身处与另一个人的亲密关系之中，并敞开自我完全彻底地投入时，我们才能感受到精神层面最真实的本相。否则的话，尽管我们可以阅读关于神性的书籍文章，可以沉思冥想、钻研历史和现实，但这一切都将于事无补、枉费心机。我认识许多人，他们确实拥有点亮智慧的理论知识和广博丰富的藏书，但在我看来，他们中的许多人完全不懂爱，不懂生活。

事实上，我们的生活是否生机盎然、充实满足，都只取决于我们究竟能感到多少真实的内在，能在何种程度上将自己看作充满爱的生灵；也取决于我们是否能信任自己，是否相信自己能迎接挑战并超越自我，是否相信自己能通过耐心、毅力、勇气和训练，使生活不再充满各种谎言；更取决于我们是否敢跟着感觉和心灵走，让自己处于不设防状态。但这一切中最重要的是，我们能在多大程度上对他人——首先是我们的伴侣——保持宽容的心态，并超越自己评判他人的惯性思维，以放松的姿态接纳伴侣和他的生活方式与思想观念。如果我们在生活或伴侣关系中感到孤独、冷漠、空虚，那么有一个很简单的方法可以让我们找回温暖的感觉：必须为内心的爱寻找一个目标，这个目标具体是什么并不重要，重要的是能让我们的爱、感激、宽恕或关怀，有意识地投向这一目标。

请你尝试一次：此刻想一想某个对你有意义的人，并向他敞开你的心灵。也许你想向他表示感谢，你曾与他度过了一段美好时光，让你至今拥有愉快的回忆；也许你很有勇气，有意识地选择对一段往日的宿怨表示谅解，当年你们都被心中怨怼困扰，无法宽恕对方而消除怨恨；也许你正在极为大胆地向前摸索，虽然这时你正与伴侣陷入争执僵局，但你还是调动起自己对他的全部同情心，准备与他和解。你只需闭上眼睛，放松地做几次深呼吸，或让你的身体放松地打一个哈欠。当你让自己沉醉于舒适的感觉中时，你的身体立刻就会感觉越来越温暖。在你的内部有什么开始流动，你会变得越来越柔软。此刻，在你内心流动的，你所感觉到的就是爱，就是存在于你内心的神性。

时时刻刻有意识地去爱

你不必再等待或渴望，期待某个完美的情人最终会出现在你面前，让你觉得爱上他是值得的；你不要再愤怒，也不要再让报复的念头在你头脑中翻腾，即便对方不完美或行为举止让你失望；你也不要再长久地摇摆、犹疑，希望最终一切都能如你所愿，使你能下决心说出那个“是”字，并决定与他生活在一起结婚生子。与此相反，你应该现在就做出选择，尽可能多地去寻找人性中充满爱的核心，将你的爱投向它。每时每分你都可以作出现在就去爱的选择，或者你干脆选择放弃。诚然，当你一旦选择了在你的生活中去爱，那么坚持和自律就是必要条件。

而这一点却是许多人不愿接受的。我们长期以来已习惯了快速消费，我们羡慕地看着一个个超级明星如雨后春笋一夜成名，对他们来说，事情就像速溶咖啡，用开水一冲就成了，根本不费吹灰之力。但事实真相是：所有伟大的运动员、艺术家和科学家，都需要有超凡脱俗的天赋，他们和我们每个人一样，内心需要非同凡响的无限的爱。所有成就伟大事业的人，都曾全力以赴地投入职责和义务，让自己的能力得到最大的发挥。他们超越自己的极限去磨砺自己，并不断努力尝试；他们历经磨难，矢志不渝，尽管在前进途中遭遇无数艰难险阻，却决不轻言放弃。

事实的真相就是：没有毅力和纪律，我们在生活中就会一事无成。我们可以从小事做起，逐步学会遵守纪律。只要我们能满怀坚定的信念，遵循自然的规律，就能彻底改变整个生活。此刻我们需要坚持和遵守的就是，时时刻刻有意识地去爱。这就是我们能够抵达的终极目标。时时刻刻有意识地去爱，听起来很难做到，但生命从来就不是为了轻松而存在。我们必须去生活，我们的生命才有价值。从灵魂的角度看，我们来到世间，原本就是为了治愈创伤，为了学习，为了给这个世界带来一份自己的贡献，并实现自身个性的发展与心灵的康复，以及如何转化往日的伤痕。

了结你的作业，否则它会来了结你

从查克·斯佩桑诺那里，我也学到了一句座右铭："了结你的作业，否则它会来了结你。"他想通过这句话说明什么呢？如果我们坚持不懈地顺应规律持续成长，不断保持继续发展的愿望；如果我们能将心灵与精神向其他人和其他事敞开；如果我们已接受了引导，坚定不移地按照已选定的道路走下去；如果我们能够坦诚面对生活的真相，那么，我们就完成了自己的家庭作业。反之，等待我们的将是命运的打击、生活的低谷、糟糕的伴侣和痛苦的疾病，似乎整个生活都在阻止我们发展。

我们的生活就是由一连串成长的机会构成的，而这些机会也被我们称之为问题。也有许多人不愿接受这一点，选择绕道而行，对问题视而不见，置若罔闻。但我们在绕道而行时，总会被一再出现的新情况所困扰，最终不得不面对问题，解决问题——通过这样一个过程，生活才获得了真实的意义，这就是实际上的进化。只有通过对抗，我们才能成长，因为只有障碍才能激发我们的力量、潜能和信念。障碍还会引发疼痛，使我们置身于充满阻力的问题之中，直到我们能面对它们、审视它们，用我们的好奇心、奉献精神、理解力和爱去克服它们。直到这一刻，疼痛才会消失，生活才会变得轻松。直到疼痛再次出现，我们又会进入下一轮的循环：努力、坚持、自律——直到下一次收获。

你不要再等待这句话：“现在一切都万事大吉了！”对于亲密关系来说，这是个错误的开端，就像另一些表达一样，诸如：“首先我得找到一个合适的对象……”建立长期稳定的伴侣关系，就如雕琢一块石头，开始时需要用锤子和凿子来砸掉表面粗糙的多余棱角和废料，随后所使用的工具会越来越精致小巧，雕琢的痕迹也将越来越细腻精确。每天你的伴侣都需要处理一些事情，做出一些选择。如果你处于对方的位置上，很可能会对同样的事情采取另一种方式，或者做出完全不同的选择。这样的差异可能意味着失望和争执，但这同样也意味着，每天你都能从伴侣身上学到一些新东西。如果从这个角度开始思考，你也许就能凿去一些过于粗糙的棱角废料。或许你的伴侣会出现外遇，或许他对你的态度十分冷漠粗暴，要想凿去这些边角，并从中雕琢出美观的造型，其过程将会相当艰难。但我知道，事情是可行的，别忘了我们的约定：你可以！重中之重的是你的愿望，你是否愿意使你的伴侣关系恢复正常？你是否愿意为你的伴侣承担全部责任？你是否愿意对他说出自己真实的境况？你是否能审视自己的冷漠以及对关系与义务的恐惧？

生命充满成长的机遇

最后一个问题是：这一切努力与付出值得吗？我的回答很清楚："是，是，是！"危机中蕴含着生机，危机是爱的阵痛，危机中孕育着机会。当人们度过危机之后，回头望去，奋斗留下的痕迹历历在目：自信、勇气、彼此的接近以及生命的活力等都呈现在眼前。渡过难关之后，我们彼此能更了解。我们不必再犹豫彷徨，因为我们深知，一切都掌握在自己手中。当我们驾驶着婚姻的航船穿过激流险滩，战胜了考验与风暴时，两个人会共同成长，亲密关系也将得到进一步强化。那些身处这般婚恋关系的人，身上环绕着明朗祥和的氛围。他们知道，生命充满成长的机遇，只需从容地迎接挑战。对于他们从前竟将大好机会当成难以解决的问题而只想绕道而行的行为，此刻只是一笑了之。

伴侣关系面临的最大挑战是这样一些问题：我们如何能同时获得自由与爱情？我们如何能宽容地接受其他人不同的生活方式，并对此给予足够的尊重？我们是如此的不同，如何才能维护情感的联系并不断深化？不久前我与一对夫妇谈话。他们提出了许多这类问题，希望能找到继续改善他们关系的下一步骤。在谈话中他们惊讶地发现，在他们思想深处有着同样的顾虑：一个人绝不可以对另一个人过于投入，绝不能整个地将爱奉献给他，因为这个人有一天是有可能死去的。我对这个想法也感到极度诧异，以至于一个想法自发地从脑中冒出来：如果真有一天，我的丈夫突然死了，我该怎么办？如何才能去哀悼无限的爱？

每个人对爱的恐惧甚至超过了任何其他事物。在有勇气冒着风险真实地生活、真实地去爱之前，我们宁愿像行尸走肉一般活着。我相信，有一天我们会来到交叉路口，旧的体系已不能正常运转，而我们对生活的要求则变得更高、更远、更多。这个系统的基础是建立在恐惧之上的，我们害怕无法拥有足够的物质，害怕自己做得还不够。对伴侣关系做这样的思考，只能或多或少导致一种看不见的竞争。我得到足够的注意和关照了吗？其他人是不是比我得到的更多？如果我现在投入更多是否会失去更多？推动我们行为的一个原动力就是深层的无价值感，是对丧失和缺乏的恐惧，我们不断受到它的暗示：像我们现在这样是不够的。于是我们就必须努力去实现什么，去获得什么，然后去获得更多，追求更多，于是我们就必须更加努力。

我们获得了各种可能的东西，日复一日，我们获得的速度越来越快，实现的愿望越来越多。但我们却觉得自己过得不充实。生活对越来越多的人而言，就像两脚陷入了泥泞的沼泽，每一次拔出脚来的尝试，都只能使自己陷得更深。由此我们看到，胜利和成就的混淆，是一个核心的问题，致使西方的社会体系走入了死胡同，并陷入进退两难的境地：我们从童年时就学会了去争取胜利——而现在我们却携带着一系列的胜利堵塞在全面停滞之中。为我们的胜利鼓掌欢呼的人越来越少，因为每一次胜利都会产生相应的失败者。当我们将世界更多地看作一个相互牵制的系统时，我们就将被这种“获胜者—失败者”的游戏模式所驱使，逐步走向末路。我们的社会体制、企业、家庭、亲密关系、个性都将固定僵化，或者虚脱干涸在其中。

我拿什么献给你

在我看来，我们时代的危机，正是社会进化的最大机会。我们必须承认，所有人都处在关系之中，而且与所有人所有事都息息相关。世上没有独自存在的胜利，胜利只能建立在他人的失败之上。因此我们都必须学会在生活中获得成就感，这已成为人生最重要的原则。但获得成就感并不意味着我们要战胜他人，成为胜利的佼佼者，而是意味着活出当下最好的自己；获得成就感也意味着双赢，对自身而言很好，对他人而言也不错；获得成就感还意味着大家一起合作，彼此拥有亲密关系的新形态；意味着所有人能重新在自己内心发现母性的原则：给予和养育；意味着我们的生活将成为所有与我们相关的人成功的催化剂。如果世界和他人的生活由于我们的存在而变得更加美好，我们自然就会感到成绩斐然，生活充实满足。

如果我们一生致力于发展并完善自身的个性人格，那么我们的生活就会变得真实而富有成就感。为此，我们既不必隐居到一个安静的修道院去，也不需进行健康治疗。我们只需立足此刻所在的地点，观察自己所处的环境——看看我们的家庭、工作和朋友。如果我们在生活中感觉受到威胁、缺乏安全感、毫无生气、麻木不仁或孤独寂寞，那么我们就该放弃以往的做法，不再寻找该为此负责的人。相反，我们更应该提出的是一个核心问题：我还有什么可以给予？还有什么是我不曾给予的？有什么是我仅仅出于错误理解下的责任感而付出的？在什么情况下我只是出于被拒绝的恐惧和礼貌而给予？什么时候我是为了得到认可而给予？所有这些给予和付出，只能使我们的内在越来越空虚匮乏，并使我们越来越多地感觉到，自己从没从别人那里得到足够的回馈与报答。只有当我们自然地接受他人的给予，我们才能真正给予他人。为了能真正给予他人，我们必须首先确认自我的价值。

是的，我愿意

当你开始展现自己，能够坦然承认你的要求，并真实地去实现你的目标，实实在在的成果就会涌入你的生活。有些话是否已在你内心酝酿了许久？你是否已梦想了很久，希望会有一个新的不同于以往的工作或激动人心的项目？你是否还将自己局限在稳定的现状中，并紧紧抓住所有的旧习惯舍不得撒手？你是否有勇气彻底放弃早已没了意义的责任与义务，以及毫无乐趣的例行公事？你是否还躲藏在怀疑、平庸、保守以及舒适的社会环境中？面对挑战和选择你会犹豫地回答“是啊，我得先……我也许应该……只要我能……我就可以……”等。而实际上一切都会改变，只要你能诚实地审视自己的周围；只要你能真实地表现自己并说出自己的感受；只要你学会不再继续压抑自己的伤痛，而是接受它；只要你开始谅解自己和他人表面上的错误；只要你不再轻下断言，对一切进行价值判断；只要你能下决心脱离安全但早已丧失活力的旧有程序；只要你有勇气重新去冒险；只要你敢于听从自己的判断与引导；只要你决定为其他人或其他事承担责任——那么你就会最终发现自己的天赋，发现还未曾开发的潜能、创造力和生活意义。所有你此生拥有的才能和精神使命，都将在这一刻发挥应有的作用。这一刻，就像你在从前的生活中经历过的所有阻力、封锁、伤痛、绝望以及障碍，都聚集到一起，从而显示出其内在的意义来——一切都是为了你的成长与发展。猛然间你的生命变得如此不同。

我们都必须找到生活的意义和任务，因为只有这样，才能使自己的生命变得充实而幸福。然后我们才能去帮助他人，使他们也能这样去生活。只有大家一起努力，才能拯救这个世界。如果你开始向前迈出第一步，并使自己的生活健康发展，那你就能影响身边的其他人也向前迈步。你的个性越是得到更大的发展，你周围的人就越能更好地生活。你生活得越幸福快乐、成绩卓著、生机盎然，就越有能力帮助其他人。那么所有与你接触过的人，都能有意或无意地感受到你所焕发出来的力量。

伴侣关系是我们个性发展的推进器。我们之间的关系越密切，就越能通过对方来认识自己，于是我们平日不肯正视、竭力掩饰的所有问题，都将更清晰地展示出来，供我们观察与探索，并找出解决的方案。有时我们甚至会因此而感到十分不适——亲密关系就是改善我们生活的主要课程，每个章节——很可能是痛苦的——都要求我们认真掌握。如果我们能够按章学习并付诸实践，我们就会彼此更加接近，更加自信。

如果你能真正对另一个人承担起责任和义务，那么你就向前迈了一大步。如果你能对另一个人说：我愿意与你分享我的道路——即便此时很艰难；我信任你——即便这事很困难；你是我的一面镜子——从你康复的过程中，从你的幸福和实践探索中，我看到了自己的康复过程和治愈他人的力量。但首先你要热爱自己，才能迈出最大的一步，并为这个世界带来最好的礼物。

不久前，一个刚刚经历了婚姻危机的朋友告诉我，他认识了一位绝对出色、绝对引人注目的女士。在小范围内，他们进行了一次十分开放的关于外遇问题的私密讨论。大家都很坦率地谈起自己的经历并由此得出一个令人沮丧且悲哀的结论：外遇几乎已成为长期婚姻的一个组成部分。最终，这位优秀的女士却出人意料地扭转了话题：“我在婚姻中从没有经历过外遇，所以对此我无权发表意见。但我已结婚 13 年了，我想我对婚姻有发表意见的优先权。”

这位女士是在自欺欺人呢，还是完全将自己摒弃在现代生活的真实情况之外呢？这位女士解释说，她在婚前曾经历了疯狂的生活，有时甚至会与3个男人同时保持性关系。之后她结识了后来成为她丈夫的那个男人，有一天，她下定决心要和这个男人共度一生。后来，她与他一同站到了婚礼的圣坛前，并且彼此向对方郑重说出：“是的，我愿意！”直到今天为止，她始终视这句话为自己的生活使命：“是！我决定与你在一起。是的，我愿意，我愿意学习如何去爱你！”她就是如此看待婚姻责任的。

后 记

一个人读就可以，
但两人一起读会更好

我们中只有极少的人在生活中学到了信念、爱、宽恕以及治愈心灵创伤的能力。我写作这本书的目的，就是想要借助我个人的生活经历来传播知识与希望，我想告诉人们，沿着这条爱与信仰铺就的道路前行，真实的奇迹就可能在你的生活中出现。当然我也知道，从头到尾浏览一遍只能给人一些触动。为了能确实在你的生活中发现真爱并实现它，需要你耐心坚定，不屈不挠。我希望你能一遍又一遍地阅读这本书。或许有时你会觉得眼前漆黑一团，毫无希望；或许有时你又会觉得筋疲力尽，重新陷入绝境；或许有时你会满腔仇恨，怒火中烧；或许有时你又会确确实实地认为，一切都掌握在

对方手中；甚至有时你只能寄希望于分手。

所以说这样的书读一遍是不够的。你要尽可能重复阅读那些对你来说重要的章节。由此你会不断回想起，一切都不是绝对的，在他人身上也存在着爱，坚持下去是有意义的。每一次的阅读，你都会获得新的体会。如果有一种观点深深触动了你，那你就应该说出来与你的伴侣一同探讨——重要的是告诉他你的感觉，你在阅读中被激发出来的感想。把你觉得重要的章节读给他听，请他也来读一读。如果你们两人能一同阅读这本书，那就再理想不过了。但如果你的伴侣一时对此不予理睬，你也绝对不要把这当成不再前行的借口。请不要忘记，对于你来说他不过是一面镜子而已。也许你已很仔细地阅读了这本书，但你却感觉自己缺乏力量，无法在此后坚持不懈地去实践并作出自己的选择；也许你在潜意识中根本就不想跟你的伴侣一起阅读这本书，而只是想通过教育他来纠正他的错误。无论如何，只要你在一个更深的层面上坚持迈步前行，你的伴侣就能立刻察觉到自己在被一种新的力量所召唤。

最重要的是：你不要放弃，不论事情将如何艰难，不论你感觉自己多么无能为力。在按照本书的各个重要观点一一去实践的初期，你可能觉得事情变得比以前更糟糕。在这样的状态下，请你再次拿起这本书，再读一读其中的章节，你的灵魂将得到安慰。爱必定能够在你的内部重新运转。但是我们必须首先控制自己习惯批评和猜疑的生活态度。我们必须放下很多东西，比如旧习惯，而持续不断地去锻炼自己接受新鲜事物的能力，直到它们在我们的意识层面像新鲜的种子一样扎下根来，不断成长成熟，并在适当时机开出艳丽的花朵。

在这混乱而无知的时代，重新在我们内心发现并释放被掩埋的爱，不是一件容易的事。但如果你能鼓起勇气真诚面对一切，如果你能发自内心地看清一条不同于以往、充满爱与满足的道路，那你一定会被生活引领着走上这条道路。请你保持清醒的头脑认真审视一下，你究竟是从哪里获得了关于你内心问题的答案。

在我们前行的路上，不论能获得的帮助将以何种面目和姿态出现，我们都必须下定决心去接受它。最终必然是我们自己背负使命，以实现自己与这个世界的和平共处，而且就按照它此刻的本来面目去与它相处。最重要的并不是找到一个正确的伴侣，而是我们能重新决定自己的生活。除了我们自己，没有谁能为我们做到这一点。我们能依靠自己的信念，从天地之间获得力量，去完成我们的最大使命。

致　谢

在此我最想表达的，是对《奇迹课程》这本书的感激之情。许多年前，当我的生活黯淡无望时，我得到了这本书。我浏览着书页，不知为何从内心深处冒出一种感觉：这本书将给我的生活带来革命性的改变。但在阅读的过程中，我觉得“上帝”这个词出现的频率太高了——当时我对这个词还感到十分困惑。除此之外，这几百页的文字似乎显得过于复杂，于是我不胜重负地将这本厚厚的书搁置在一旁。

在此后的几年中，我几乎已将这个“课程”忘在了脑后。这时，又有一些书籍来到我身边：玛丽安娜·威廉森的书和蒂帕克·乔普拉的书，还有查克·斯佩桑诺的书和艾克哈特·托勒的书。当我如饥似渴地读了这些书籍后，我隐隐发现，这些作家都或多或少受到了《奇迹课程》的影响。

我非常感谢这些作家，他们使我和许多人能够比较轻松，同时也是满心激动地理解了《奇迹课程》中的各种观点，并发自内心地接纳了这本书。

引导这个航程的路线，如今已成为我思想和行为的核心。每天我都感觉自己面临按照其观点成长的挑战。为此我十分感激，进而也希望自己能用手中的这本书，来帮助那些还没能下定决心踏上征途的人。

我感谢我的丈夫沃尔夫拉姆，感谢他从没在这条道路上走回头路，从没有放弃继续前行，也感谢他对这本书的信任。我感谢他的轻松、信赖，以及他越来越温暖的爱。他的爱滋养着我们。我感谢我们的女儿安娜蕾娜，是她在我彷徨犹豫时，以极大的力量来到我身边，是她现在每日向我们展现，有多少美、幽默和生命活力能从父母之爱中产生。我感谢我的父亲，是他给予了我探索的灵魂和研究的热望。我感谢我的母亲，是她不知疲倦的能量和斗争精神鼓舞着我。

为了我学到的一切，我感谢所有向我咨询的人。如果没有他们向我倾吐内心的秘密和生活的问题，我绝不可能写作这本书。

我感谢西蒙娜·肯普弗，感谢她凭借敏锐的感知力极端细致认真地校对了书稿；我感谢克里斯琴·普伦茨劳和他的同事们所具有的设计创造力；我感谢沃纳·沃格尔，感谢他的坚定信仰，正是他给了我和我的书以自由；我感谢我的出版人格哈德·里曼，感谢他没让我对他最初诺言的信赖落空；我感谢雷纳·M. 施罗德先生，感谢他总是在我的书需要他帮助时，与我“偶然”相遇；最后我想感谢的是约翰尼斯·劳先生，感谢他早在我写作这本书之前就对我的一贯支持，通过他的帮助，我才鼓起了勇气重新开始生活并继续发展下去。

爱娃－玛丽亚·楚尔霍斯特

"iHappy书友会"会员申请表

姓　名（以身份证为准）：__________　性　别：__________

年　龄：__________　职　业：__________

手机号码：__________　E-mail：__________

邮寄地址：__________　邮政编码：__________

微信账号：__________（选填）

请严格按上述格式将相关信息发邮件至中资海派"iHappy书友会"会员服务部。

邮　箱：szmiss@126.com

微信联系方式：请扫描二维码或查找zzhpszpublishing关注"中资海派图书"

中资海派公众号　中资海派淘宝店

优惠订购	订阅人		部门		单位名称	
	地址				邮编	
	电话				传真	
	电子邮箱		公司网址			
	订购书目					
	付款方式	邮局汇款	深圳市中资海派文化传播有限公司 中国深圳银湖路中国脑库A栋四楼　邮编：518029			
		银行电汇或转账	户　名：深圳市中资海派文化传播有限公司 开户行：工商银行深圳八卦岭支行 账　号：4000 0273 1920 0685 669 交通银行卡户名：桂林　卡　号：622260 1310006 765820			
	附注	1. 请将订阅单连同汇款单影印件传真或邮寄，以凭办理。 2. 订阅单请用正楷填写清楚，以便以最快方式送达。 3. 咨询热线：0755-25970306 转 158、168　传　真：0755-25970309 转 825 E-mail: szmiss@126.com				

→利用本订购单订购一律享受九折特价优惠。

→团购 30 本以上享受八五折优惠。